Irene Orce (Barcelona, 1984) está felizmente casada y es madre de dos hijos. Es periodista, escritora y *coach*. Actualmente es la directora de asertividad de Kuestiona, una comunidad educativa para buscadores e inconformistas que ofrece programas pedagógicos innovadores orientados a empoderar a los ciudadanos y promover el despertar de la consciencia de la sociedad. Y está inmersa en la escritura de una saga de ciencia ficción.

En 2009 cursó el máster en Coaching y Liderazgo Personal de la Universidad de Barcelona. Y desde entonces acompaña profesionalmente a personas que quieren desarrollar su potencial para construir una vida más coherente con sus verdaderos valores y necesidades. En este sentido, ha acompañado a cientos de adolescentes en sus procesos de autoconocimiento y reinvención profesional.

Durante seis años colaboró con el suplemento «Estilos de Vida» (ES) de *La Vanguardia*. También fue la autora del blog *Metamorfosis* en ese mismo diario, donde publicaba artículos sobre psicología y desarrollo personal. A su vez, fue la presentadora de la sección de *coaching* del programa *Vespre a la 2* de RTVE. Entre 2009 y 2016 fue la coordinadora del máster en Desarrollo Personal y Liderazgo de la Facultad de Economía de la Universidad de Barcelona (UB), que actualmente se realiza en Kuestiona.

Desde muy joven inició su camino de autoconocimiento, formándose en herramientas como el eneagrama, la comunicación no violenta y la programación neurolingüística (PNL). Como divulgadora y *life coach*, está comprometida con promover un cambio de paradigma en la manera en que los seres humanos se relacionan consigo mismos, con los demás y con sus circunstancias. Cree en el despertar de la consciencia y en la asunción de la responsabilidad personal como pilares de la felicidad.

Más información en:
www.ireneorce.com
www.kuestiona.com
www.laakademia.org

IRENE ORCE

¡Esta casa no es un hotel!

Manual de educación emocional
para padres de adolescentes

DEBOLS!LLO

Papel certificado por el Forest Stewardship Council®

MIXTO
Papel procedente de
fuentes responsables
FSC® C117695
www.fsc.org

Penguin
Random House
Grupo Editorial

Primera edición: marzo de 2021
Segunda reimpresión: noviembre de 2021

© 2014, Irene Orce
© 2014, 2021, Penguin Random House Grupo Editorial, S. A. U.
Travessera de Gràcia, 47-49. 08021 Barcelona
Diseño de cubierta: Penguin Random House Grupo Editorial / Manuel Esclapez
© Thinkstock (zapatillas), © Getty Images / Image Source (puerta), por la imagen de cubierta

Printed in Spain – Impreso en España

ISBN: 978-84-663-5433-2
Depósito legal: B-603-2021

Compuesto en Pleca Digital, S. L. U.
Impreso en Prodigitalk, S. L.

P 3 5 4 3 3 2

A mis padres, Ignacio y Marta,
por enseñarme a navegar
y ser mi faro en tiempos de tormenta

Índice

PRIMERA PARTE

Padres que no escuchan, hijos que no hablan

SEGUNDA PARTE

Cóctel molotov emocional

La mayoría de los padres están dispuestos a hacer cualquier cosa por sus hijos, menos dejarles ser ellos mismos.

BANKSY

Nota de la autora

Voy a ser completamente sincera. No soy ninguna erudita en temas relacionados con la paternidad y la educación. Lo cierto es que no tengo hijos adolescentes. Mientras escribo estas líneas, mi pequeña Lucía está a punto de cumplir su segundo año de vida. Este libro no es otro sesudo ensayo sobre la adolescencia. No pretende analizar los procesos fisiológicos característicos de esa etapa de cambio. Ni aburrirte con pesadas teorías difíciles de llevar a la práctica. Tampoco se acerca a los densos volúmenes sobre psicología ni a las sugerencias, a menudo superficiales, de los libros de autoayuda. No recoge las opiniones de laureados doctores, sino que da voz a los auténticos expertos en la materia: los adolescentes. Ellos son los protagonistas de esta historia.

Este libro no está escrito desde la perspectiva de los padres, sino desde la experiencia de los hijos, empezando por la mía. Entre los 14 y los 19 años se despertó mi vena rebelde y conflictiva. Por aquel entonces solía sentirme triste, rabiosa e insegura; me aislé del mundo en general y me desconecté de mis padres en particular. Sin ser muy consciente de ello, construí entre ellos y yo un muro en el que la comunicación brillaba por su ausencia.

Movida por la insatisfacción, desde muy joven me interesé por conocerme para encontrar la raíz de mis heridas emocionales. Sin duda alguna, la adolescencia fue un momento clave en mi desarrollo como ser humano. Como consecuencia de este viaje hacia el interior, finalmente descubrí mi verdadera vocación: por un lado, como periodista, compartir reflexiones y testimonios para inspirar un cambio de mentalidad en la sociedad, y por el otro, como *coach*, acompañar profesionalmente a las personas que quieren desarrollar su potencial para construir una vida más coherente con sus auténticos valores y necesidades.

En paralelo, colaboro desde su fundación, en 2011, con La Akademia, un proyecto que promueve de forma gratuita la educación emocional entre jóvenes de 16 a 22 años con la finalidad de que se conozcan a sí mismos y tengan las herramientas y los recursos necesarios para seguir su camino en la vida. Si bien como periodista he podido entrevistar a más de un centenar de chavales para que me expliquen lo que ha significado para ellos la adolescencia, como *coach* he tenido la oportunidad de trabajar en profundidad con decenas de ellos. En el cien por cien de estos procesos de cambio y evolución personal, he verificado lo alargada que es la sombra de nuestros padres.

Desde el año 2009 he realizado numerosos procesos de *coaching* con padres y madres incapaces tanto de relacionarse como de comunicarse constructivamente con sus hijos adolescentes. Escuchando a ambas partes he comprobado que aunque cada ser humano es único, los conflictos que surgen en la adolescencia son comunes a la gran mayoría de las personas. En esta etapa crucial de desarrollo, muchos padres sienten que están perdiendo el control, y no saben cómo ayudar a sus hijos. Y lo cierto es que, a menudo, los padres tampoco saben cómo ayudarse a sí mismos para gestionar de una forma más eficaz la frustración que generan las actitudes y conductas de esos adultos en construcción.

UN JUEGO DE ESPEJOS Y PROYECCIONES

Si bien la mayoría de los adolescentes desconocen quiénes son y están bastante desorientados, cada vez más adultos reconocen sentirse perdidos en el arte de educar conscientemente a sus hijos. A pesar de hacerlo lo mejor que saben y pueden, en general los padres se sienten impotentes ante la desmotivación, la rebeldía y la falta de comunicación de sus hijos adolescentes. Por eso la relación entre unos y otros suele estar marcada por la incomprensión, el conflicto y el sufrimiento. De todo ello surgió la necesidad de escribir este libro. Dado que no podemos resolver un problema desde el mismo nivel de comprensión en el que lo creamos, la propuesta es adoptar un nuevo enfoque, empleando un punto de vista diferente que nos permita obtener mejores resultados.

Así, este libro pretende inspirar a los padres para que comprendan de verdad a sus hijos adolescentes, comprendiéndose a ellos mismos en el proceso. El reto es que los adultos se conviertan en el cambio que quieren ver en sus hijos y, con su propio ejemplo, los ayuden a ser la mejor versión de los progenitores. Ojalá que esta obra tienda un puente entre unos y otros, partiendo de la base de que dicha relación no es más que un juego de espejos y proyecciones en el que la magia surge cuando se encuentra la forma de que ambos ganen la partida.

No hay palabras suficientes para expresar el profundo agradecimiento que siento por todos los jóvenes que habéis compartido vuestra luz y vuestra oscuridad conmigo. Vuestros testimonios no sólo me han hecho reír y llorar, sino que me han inspirado a escribir este libro. Gracias por haber contribuido, de un modo u otro, a enriquecer las páginas que siguen. Este libro es mi pequeño homenaje para todos vosotros.

Quiero agradecer muy especialmente la valentía y generosidad de una joven de 17 años —cómplice en la sombra a petición suya—, por compartir conmigo el diario que lleva años escribiendo para dar sentido a su adolescencia. Con su permiso, he utilizado algunos fragmentos como inspiración, con la finalidad de ayudar a los padres a comprender el mundo interior de sus hijos. Dichas reflexiones, cuajadas de sus pensamientos y sentimientos más íntimos, son una ventana muy reveladora al momento de extraordinario cambio que denominamos «edad del pavo», una expresión que solemos emplear despectivamente para justificar nuestra incapacidad de empatizar con los adolescentes. Os animo a leer el Prólogo, basado en su experiencia.

También quiero aprovechar para expresar mi profundo agradecimiento al suplemento «Estilos de Vida» de *La Vanguardia*, donde publico regularmente artículos desde hace varios años y que me ha inspirado a atreverme con este proyecto. Parte del material que utilizo está basado en algunos de esos escritos, que han resultado de gran aprendizaje para mí.

Por último, sólo me resta añadir que el proceso creativo de investigación y elaboración de este libro me ha servido para hacer las paces con mi adolescente interior. Ha sido una de las mayores aventuras de mi vida. Tengo la esperanza de que también lo sea para vosotros.

Prólogo

Carta de una hija incomprendida

El mundo está loco. Y últimamente me está volviendo loca a mí también. Llevo una semana agobiada, cansada y sin ganas de nada. A veces cuando me levanto para ir a clase me pregunto: «¿Para qué? ¿Qué sentido tiene?». Parece que toda mi vida tenga que girar alrededor de unos tristes números. El 0 supone broncas, sermones y castigos; el 10, miradas de aprobación y palmaditas en la espalda. Menuda gilipollez. Se nota que es semana de exámenes, pero es que tengo la sensación de que me dedico a vomitar ideas ajenas que ni me interesan ni creo que me vayan a servir para nada. ¿Qué utilidad tiene que me enseñen a memorizar como un loro conceptos de otros en vez de aprender a pensar por mí misma? Sin embargo, parece que eso es lo único importante en mi vida, que mi única responsabilidad es portarme bien y sacar buenas notas. Al menos eso es lo que me repiten mis padres día sí y día también. A veces pienso que son de otro planeta.

Ayer mi madre estaba en el salón y me puse a hablar con ella de algo mucho más importante que esas estúpidas notas que parecen definir mi destino. Como si mi valor como ser humano se midiera por el número de excelentes que hay en mi expediente. En fin, puse mi mejor cara de niña responsable y le dije que me encantaría ir al concierto de Bruno Mars el mes que viene. Y como de costumbre, en vez de preguntarme quién era el cantante o por qué me gustaba su música, mi madre empezó a comerme la cabeza con que estaba muy lejos, que no le hacía gracia que saliera por la noche, que era muy caro... En fin, el pack completo. Parece un disco rayado. Con mi padre fue todavía peor. Ni siquiera se dignó dejar de mirar las noticias mientras le hablaba. Y yo ahí, de pie en el salón, como una tonta, insistiéndole en lo ilusionada que estaba por ir. Y él a su bola, pasando totalmente.

¡Que les den! Lo he intentado hacer a su manera y no funciona. Me buscaré la vida para ir al concierto. ¡Ya no soy una niña! Ellos no lo ven. No tienen ni idea de quién soy. Y a veces pienso que tampoco les importa demasiado saberlo. Vale, a mí también me cuesta decir o hacer lo correcto, lo que se supone que debería hacer... Y sé que la cago, pero en ocasiones lo que siento me supera y termino por liarla parda. Joder, ¡no es fácil! Dicen que esto de sentirse incomprendido es algo normal en la adolescencia. Pero la verdad es que no mola nada. El otro día, nada más entrar en casa, me puse a llorar cuando en realidad sólo tenía ganas de darle patadas a mi escritorio. Y lo más chungo es que ni siquiera tenía una razón para sentirme así.

Quiero que me dejen aprender de mis errores

Estoy harta de sermones y discusiones, de rabietas y castigos. Si no quiero ordenar mi habitación es mi problema. ¡¿Acaso no es mi habitación?! Por algo puse el letrero de PROHIBIDO EL PASO. ¡Es que no respetan ni eso! Joder, parece que no sepan leer. Cada vez que mi madre entra acabamos discutiendo. Si ve algo que no le gusta, termina por darme la brasa hasta que salto. Me repite las cosas mil veces, como si no entendiera lo que me está diciendo a la primera. Pero es ella la que no escucha. Al contrario de mis amigos: con ellos puedo ser yo de verdad. Sólo ellos saben que me muero de ganas de que Pablo me pida que salgamos. Sé que él también va al concierto de Bruno Mars... Me pongo nerviosa sólo de pensarlo. Me muero por enamorarme. Pero no me apetece contarles nada de esto a mis padres. A veces he estado a punto, pero siempre lo estropean. Cada vez que mi madre critica mis pantalones rotos o mi padre me ralla con el tema de las notas, me siento un poquito más lejos de ellos. Sé que no lo entenderían.

Algo dentro de mí ha cambiado. Me siento en tierra de nadie, flotando entre la niña que era y la mujer que me gustaría ser. De todos modos, aún tengo que decidir muchas cosas... He de descubrir quién soy y para qué estoy en este mundo. Y necesito hacerlo por mí misma. Sólo quiero aprender a vivir mi vida. Quiero saber lo que me gusta, lo que me apasiona, quién quiero ser. Lo único que pido es que me den la libertad que necesito para conseguirlo. ¿Qué puedo hacer para que lo vean? ¿Para que se den cuenta de que pueden confiar en mí? Está claro que la cagaré a menudo —como dicen mis amigos, ésa es mi marca personal—, pero es la única manera en la que puedo aprender... Si mis padres no me dejan cometer mis propios errores, no sé cómo demonios esperan que aprenda. Y si no me dejan salir, probar cosas nue-

PRIMERA PARTE

Padres que no escuchan, hijos que no hablan

1

La adolescencia perenne

> Los primeros cuarenta años de adolescencia
> son los más difíciles.
>
> Antoine de Saint-Exupéry

**«A veces siento que mis padres son igual
de inmaduros que yo.»**

Querido diario:

Mis padres dicen que aún me comporto como una niña. Pero no soy la única. Ayer mi padre se pasó todo el día cabreado, buscando cualquier excusa para quejarse, echar broncas y soltar tacos. Sé que lleva una temporada agobiado en el curro, pero se pasa un huevo. A la hora de la cena, empezó con su discursito sobre la comida: «No puedes comer sólo lo que te apetece. No quiero ver ni un resto en el plato. Piensa en todos los niños de África que se están muriendo de hambre...». Sé que me lo dice para que valore lo que tengo, pero las acelgas me superan. Me da asco hasta mirarlas, y tengo arcadas cuando intento tragármelas. Vale, le contesté una bordería, pero él no soporta la coliflor y cada vez que mi madre cocina ese plato para nosotras a él le hace otra cosa. Le dije que era un hipócrita y se me fue de las manos. Y ahí es cuando a mi padre se le empezó a ir la olla. Soltó cosas que me hicieron esconderme en la habitación y llorar de rabia. Me llamó «estúpida, niñata, desagradecida»... Y luego tiene los cojones de decirme que el respeto es lo primero. ¡Ja! La verdad es que no somos tan diferentes. Cuando la vida les da una bofetada, buscan a alguien a quien culpar. Yo tengo 16 años, pero ¿cuál es su excusa? ¿No se supone que tanto él como mi madre ya han pasado por esto y saben cómo hacerlo mejor? Muchas veces me como la mala leche de mis padres por cosas que no tienen nada que ver conmigo. Y luego me critican porque me paso con mis salidas de tono. Me dicen que me comporte de una determinada manera, pero ellos no se aplican el cuento. ¡A veces pienso que los adolescentes son ellos!

Suele afirmarse que los adolescentes están en una etapa de transición. En esa época convulsa está en juego la construcción de su propia identidad, lo que a menudo les lleva a entrar en conflicto con sus padres y, por ende, con la sociedad. Parece que la adolescencia sea como un virus contra el que no existe vacuna. Todos tenemos que pasarlo. Pero no somos como las orugas, cuya adolescencia sería la crisálida de la que escapan, a su debido tiempo, convertidas en hermosas mariposas.

La adolescencia de los seres humanos, en cambio, no tiene un principio y un final tan claro. A nivel físico la transformación se completa, pero a nivel emocional resulta un proceso mucho más complejo. Hay personas con 40 años que actúan como si tuvieran 16. Parece que los efectos secundarios del virus de la adolescencia no siempre desaparecen con el paso del tiempo. ¿Acaso los adultos no tienen complejos e inseguridades? ¿No se comportan en ocasiones de forma infantil? ¿No huyen de sus responsabilidades, resistiéndose a madurar? ¿Qué pasa cuando la adolescencia deja de ser una etapa de transición y se convierte en una forma de vida?

Nuestro obsoleto y desfasado sistema educativo tiene mucho que ver en este proceso. No nos ofrece las herramientas necesarias para sobrevivir emocionalmente y prosperar profesionalmente. Sobre todo hoy en día cuando, más que vivir una época de cambios, estamos presenciando un cambio de época. Por el contrario, la escuela convencional nos llena de creencias —no siempre acertadas— sobre lo que se supone que tenemos que hacer. Y nos condiciona con ideas muy limitantes acerca de quiénes tenemos que ser. Los colegios y los institutos actuales siguen rigiéndose según los parámetros de la época de la Revolución industrial. De ahí que se asemejen a cadenas de montaje centradas en fabricar un tipo muy específico de inteligencia.

Así, nos instruyen para leer, escribir, hacer cálculos matemáticos y memorizar, pero no nos enseñan a pensar por nosotros mismos. Y no sólo eso. La creatividad, la autoestima y la confianza en uno mismo distan mucho de convertirse en asignaturas troncales en los programas pedagógicos contemporáneos; es más, apenas se mencionan, quedan olvidadas en un oscuro cajón. De un modo u otro, eso contribuye a la denominada «crisis de la adolescencia» que la gran mayoría de nosotros hemos pasado. Se trata de un período marcado por la confusión, el miedo y el dolor. No estamos de acuerdo con el estilo de vida que la sociedad nos propone, pero tampoco contamos con una alternativa viable por medio de la cual seguir nuestro propio camino. De ahí que muchos jóvenes se resignen y conformen con el statu quo, girando su existencia alrededor de la evasión y la narcotización, parches que les ayudan a ir tirando.

Tal vez sea el momento de ahondar en la etimología del término «adolescencia». Las palabras «adolescente» y «adulto» vienen del latín *adolecere*, cuyo significado es «crecer y desarrollarse». Mientras «adolescente» significa «el que está creciendo», «adulto» es «el que ya ha crecido». Pero en la sociedad actual la adolescencia se alarga ad infinitum. Posiblemente, una de las causas de esta realidad cada vez más extendida es que no hemos recibido ningún tipo de educación emocional. Y esto, a grandes rasgos, significa que no hemos aprendido a desarrollar competencias emocionales básicas como la inteligencia interpersonal —que nos ayuda a establecer relaciones sanas, constructivas y basadas en la reciprocidad— o la capacidad de regular aquello que sentimos.

Sin esta formación, vamos por la vida *reaccionando* más que *respondiendo* a los estímulos que recibimos en cada interacción con los demás. Por lo general, no nos hacemos responsables de nosotros mismos emocionalmente, por lo que solemos delegar esa responsabilidad en las personas de nuestro entorno. Y eso deriva en consecuencias que, a largo plazo, repercuten en nuestras relaciones a gran escala. En este sentido, podemos plantearnos: ¿cómo sería nuestra vida si hubiéramos aprendido de más jóvenes a gestionar mejor nuestras emociones? Ésa es la premisa de la educación emocional, un proceso educativo que nos ayuda a prevenir el llamado «síndrome de la adolescencia perenne».

Es, sin duda, una herramienta de la que nuestros hijos adolescentes se pueden beneficiar enormemente. No en vano, además de amor y cariño, resulta fundamental darles conocimiento sobre cómo funcionamos por dentro. No se trata de ofrecer una clase de anatomía, sino de cubrir una carencia que actualmente existe en nuestro sistema educativo, el cual prioriza el desarrollo cognitivo —que mide nuestra capacidad para procesar la información— sobre el emocional —que mide nuestra habilidad para procesar la emoción—. Está en nuestras manos proporcionar a nuestros hijos los recursos y estrategias necesarios para enfrentarse a la vida con unos cuantos ases en la manga, que les permitan responder a sus emociones de manera sana en vez de quedarse abrumados por aquello que sienten y reaccionar en consecuencia.

LO QUE HAY DEBAJO DE LA ALFOMBRA

Es evidente que para enseñar, primero tenemos que aprender y practicar. Este entrenamiento emocional nos puede ayudar a contrarrestar los pensamientos negativos o destructivos, que quizás en un futuro deriven en comportamientos tóxicos de la misma índole. Y por otra parte, nos ayuda a fomentar actitudes positivas ante la vida, apostando por desarrollar diversas habilidades sociales e intrapersonales como factores claves para cultivar nuestro bienestar. Sin acceso a estas herramientas, muchos adultos siguen sin haber resuelto sus conflictos internos, que se manifiestan con más fuerza al entrar en la famosa crisis de los cuarenta.

Lo cierto es que al llegar a esa edad, muchos se encuentran cara a cara con sus hijos adolescentes. Es entonces cuando emergen a la superficie todos aquellos asuntos inconclusos que hemos ido escondiendo debajo de la alfombra. Nuestra propia crisis de la adolescencia, no resuelta, regresa para pegarnos un puñetazo en las entrañas. Y a menudo terminamos por pagarlo con quien nos hace de espejo de nuestros propios temores, carencias, miserias e incoherencias. Con ese incómodo reflejo de nosotros mismos, solemos tratar de imponer nuestra manera de hacer las cosas sobre nuestros retoños para sentir que controlamos mínimamente la situación, y todo ello para evitar abrir nuestra propia caja de Pandora. Pero en el proceso, a menudo olvidamos cuestionarnos qué resultados obtenemos con esa actitud.

Llegados a este punto, podemos ver esa etapa por la que pasan nuestros hijos como una oportunidad de aprendizaje. El desafío consiste en cuestionar nuestras creencias, trascender nuestras limitaciones y modificar nuestras reacciones. Podemos empezar por preguntarnos: ¿qué hay de mi adolescencia que me confronta con lo que veo en mi hijo? Y asumir el reto de responder con tanta honestidad como humildad. En última instancia, si no comprendemos a nuestro hijo adolescente —llegando incluso a no soportarlo— cabe la posibilidad de que haya algo que tenga que ver con la relación con nosotros mismos o con nuestros padres a lo que todavía no nos hemos enfrentado o hemos resuelto.

A menos que dediquemos tiempo y espacio a resolver nuestra particular crisis —sumando recursos para gestionar de forma menos tóxica nuestras emociones y reacciones impulsivas—, lo más probable es que no sepamos cómo acompañar a nuestros hijos para que aprendan a resolver la suya. Todo, absolutamente todo lo que nos molesta o nos incomoda de ellos dice algo de nosotros mismos, de nuestro lado oscuro. En última instancia, está en nuestras manos romper con la inercia de hacer con nuestros hijos adolescentes lo que nuestros padres hicieron con nosotros cuando pasamos por esa misma etapa.

De ahí la importancia de asumir el compromiso de emanciparnos emocionalmente de nuestros padres. Y esto pasa por dejar de hacerles responsables de aquello que sentimos para comenzar a asumir esa responsabilidad, hacer limpieza bajo la abultada alfombra y construir una relación más consciente con nosotros mismos. La única manera de enseñar es a través del ejemplo.

Si aspiramos a que nuestros hijos se responsabilicen de sus acciones, se conviertan en seres autónomos y aprendan de sus errores, tenemos que empezar por aplicarnos el cuento.

Sólo así podremos comenzar a cultivar la paternidad consciente, que consiste en acompañar a nuestros hijos para que se conviertan en quienes realmente son, en vez de condicionarles para que se transformen en quienes a nosotros nos gustaría que fueran. Detrás de ese paternalismo, cargado de buenas intenciones, duermen agazapados el miedo y la ignorancia. Ante nuestros hijos podemos optar por imponernos o hacer algo mucho más poderoso y revolucionario: aprovechar esa etapa de nuestra vida para cuestionarnos y madurar. Puede ser el viaje más apasionante que nos han propuesto hasta ahora.

Una revelación de última hora

Hace muchos años, en una aldea rural, vivió un niño muy sensible e inteligente que solía lamentarse por el estado en el que se encontraba el mundo. Sus padres no podían entenderlo. El pequeño pasaba tardes enteras llorando por la contaminación y la destrucción que el planeta estaba sufriendo. También le avergonzaba no poder hacer nada por todas las injusticias que estaban cometiéndose en los países más pobres. Y se sentía especialmente triste por las graves consecuencias que la guerra y el hambre tenían sobre la vida de millones de seres humanos.

Más adelante —durante su juventud— empezó a protestar y a quejarse por las políticas impulsadas por el gobierno de su país. Y al cumplir la mayoría de edad, se trasladó a la ciudad más cercana de su pueblo, donde se convirtió en un destacado activista. Se pasaba los días y las noches luchando contra los representantes de algunas de las instituciones políticas, empresariales y religiosas con más poder. Movido por una rabia e impotencia profundas, peleaba para cambiar las leyes que tanto daño causaban a los habitantes de su nación.

Frustrado por no conseguir los cambios que deseaba, al llegar a la edad adulta centró sus críticas y juicios en su mujer y sus hijos. Le preocupaba tanto que su familia se quedara estancada en la mediocridad que cada noche —a la hora de la cena— les recordaba cómo tenían que pensar y comportarse para ser dignos del apellido que llevaban. Y por más que su mujer y sus hijos trataran de acomodarse a sus expectativas, aquel hombre no consiguió nunca librarse de sus miedos e inseguridades. La suya fue sin duda una vida marcada por la lucha, el conflicto y el sufrimiento.

Sin embargo, al cumplir 80 años y aquejado de una enfermedad terminal, experimentó una revelación que transformó su manera de ver la vida. Tanto es así que horas antes de fallecer dejó por escrito el epitafio que más tarde se escribiría sobre su tumba: «Cuando era niño quería cambiar el mundo. Cuando era joven quería cambiar mi país. Cuando era adulto quería cambiar a mi familia. Y ahora que soy un anciano y que estoy a punto de morir, he comprendido que si yo hubiera cambiado, todo lo demás habría cambiado».

PADRES QUE HICIERON CLIC

Hacía tiempo que las cosas no iban bien con mi hijo Iván. Pero yo estaba tan centrado en el trabajo que apenas prestaba atención a los síntomas. No tenía tiempo. Corría cada día contrarreloj para encajar en mi agenda todos los proyectos y las reuniones pendientes. Hasta que un martes recibí una llamada bastante desagradable de la tutora de Iván. Se presentó e inmediatamente me soltó que mi hijo adolescente tenía problemas para asumir cualquier tipo de responsabilidad. Me contó que hacía campana, llegaba tarde a clase, sacaba malas notas y no entregaba los trabajos a tiempo; incluso, según parece, había contestado mal a un profesor. La verdad es que me entraron ganas de colgar el teléfono. Pero esa vez no me libré ya que la tutora de mi hijo me pidió que fuera al colegio para hablar sobre la hoja de ruta más adecuada para Iván, y no me quedó otra.

Al día siguiente —previa bronca nocturna con mi hijo por la llamada— me telefonearon de la oficina a primera hora a causa de un problema que había con una presentación. Código rojo. Fui a solucionar el tema y terminé atrapado en una reunión imprevista casi dos horas más. Por poco no llego a la cita con la directora del colegio de Iván. Por un momento se me había olvidado del todo. Cogí el coche y conduje a toda velocidad —en algún momento temí los radares—, pero no pude evitar el retraso de quince minutos, incluso a pesar de la carrera que hice hasta su despacho. Entré sudoroso y resoplando, y durante un instante me sentí de vuelta en el instituto. Levanté la vista y me encontré con la mirada reprobatoria de la directora.

«Buenas tardes —me dijo, muy seria—. ¿Ha traído la documentación que acordamos?» Mierda, pensé. Sabía que me olvidaba algo. Ante mi cara de estupefacción más absoluta, repitió: «¿Me ha traído los datos y el consentimiento firmado del viaje a Madrid?». «No, lo siento —logré mascullar—. Se los mandaré por fax esta misma tarde.» Un silencio incómodo se instaló en el despacho. «Era importante, pero ya lo arreglaremos», me contestó. «No tan importante como la reunión de la que me he tenido que escaquear para venir aquí», dije casi en voz alta. «Le he citado hoy para informarle de la conducta irresponsable de su hijo. Llega tarde casi siempre, no entrega los trabajos a tiempo y tiene por costumbre faltar al respeto. Como acaba de hacer usted aquí.» Y algo hizo clic.

2

¿Haces equipo con tu pareja?

> El mejor regalo que se le puede hacer a un hijo es ver a sus padres felices.
>
> ERICH FROMM

«El uno contra uno nunca termina bien.»

Querido diario:

Mis padres están de bronca últimamente. Me resulta extraño escribir sobre esto, pero creo que están pasando una mala racha. El otro día entré en casa en medio de una discusión de la parra. Bajaron el tono cuando me vieron entrar, pero creo que oí de refilón la palabra «separación». Joder, ¡y yo que pensaba que iba a ser el unicornio! Entre mis amigas tengo prácticamente estatus de criatura mitológica porque soy la única que no tiene a sus padres separados. Lo que más me duele del asunto es que creo que estaban discutiendo por mí. Supongo que mis padres hacen buena pareja. Aún se gustan y tal, y una vez creo que les oí en su habitación... En fin, me da vergüenza hasta escribirlo. Pero últimamente mi padre ha estado muy liado con el curro. Y mi madre está cada vez más cansada. No es una buena combinación. Y yo no sé dónde meterme. Ayer estaban superraros en la cena. Apenas se dirigieron la palabra. Creo que lo más emocionante que mi padre dijo fue «Pásame la sal». Y mi madre le contestó: «Podrías preguntar, ¿no?». Tras una mirada asesina, la cosa se quedó muerta. Intenté explicarles la última aventura de Eva con su nuevo novio, pero aunque mi madre medio sonrió y mi padre iba asintiendo con la cabeza, me parece que no se enteraron de mucho. No sé qué hacer... Espero que se les pase pronto. No mola nada encontrarse con la guerra en casa.

Cada relación de pareja es un universo. Pero en todas, la constante es el cambio. Aunque cada una de ellas tiene su tiempo y sus particularidades, todas pasan por diferentes etapas. Algunas son increíblemente buenas... y otras no lo son tanto. Existen miles de factores que influyen en estas fluctuaciones. Pero hay pocas cosas que transformen una relación de pareja tanto como los hijos. Al principio, el ajuste puede resultar un reto, un cambio de 180 grados en nuestra manera de gestionar nuestro día a día. Pero poco a poco, todo encuentra su lugar. Hallamos un nuevo equilibrio, que a menudo se ve sacudido cuando nuestros hijos llegan a la adolescencia. Por lo general, durante esa etapa aumentan los conflictos, las borderías, las salidas de tono, las malas caras y la tensión en casa. E inevitablemente, todo eso afecta a nuestra relación de pareja. Incrementa el desgaste, multiplica el cansancio y minimiza la paciencia. Y eso suele provocar desagradables consecuencias.

Cuando las cosas se ponen feas, terminamos por utilizar a

nuestra pareja como válvula de escape de nuestra propia frustración. Encontramos carencias y áreas de mejora, nos quejamos de lo que el otro no hace y de cómo se comporta. Descubrimos nuevas facetas de la persona con la que hemos construido nuestra vida, y no todas nos gustan. La rutina y la inercia magnifican ese proceso. Pero cuando la pareja se resiente, nuestro mundo emocional se tambalea. De ahí la importancia de aprender a recuperar ese equilibrio necesario. Para lograrlo, tenemos que dedicar tiempo a regresar a lo básico. Lo más esencial, la clave para mantener cualquier relación de pareja —y de paternidad compartida— es hacer equipo. Seguro que lo hemos oído antes. Pero ¿qué quiere decir?

Según dicta la RAE, un equipo comprende «cualquier grupo de dos personas o más con pensamientos diferentes que interactúan, discuten y piensan de forma coordinada y cooperativa, unidas por un objetivo común». Lo cierto es que formar parte de un equipo cuenta con numerosos beneficios. Nos permite compartir la responsabilidad de cualquier situación, y nos ayuda a superar los obstáculos con más confianza y seguridad. Hace que nos sintamos apoyados y que seamos más precavidos, pues formamos parte de algo que va más allá de nosotros mismos. También facilita la toma de decisiones, ya que nos invita a incorporar diferentes puntos de vista que nos ofrecen una perspectiva más amplia.

Además, nos proporciona estabilidad y refugio en tiempos de crisis. No en vano, la carga de cualquier conflicto o emoción se divide, y eso lo hace más ligero. Los logros son compartidos, lo que multiplica la sensación de bienestar y alegría. En última instancia, un proyecto común nos ayuda a ser más tolerantes, flexibles y respetuosos. Así, formar parte de un equipo nos lleva a sacar lo mejor de nosotros mismos y contribuye a nuestro crecimiento, superando los obstáculos que la vida nos va poniendo y superándonos a nosotros mismos en el proceso.

El primer paso para hacer equipo con nuestra pareja es aprender a definir nuestros objetivos comunes, por ejemplo, qué tipo de educación queremos brindar a nuestros hijos. E incluso preguntarnos el uno al otro: ¿qué padres queremos ser? No en vano, cuando los objetivos son claros, nos sentimos más comprometidos e implicados con nuestra función. Además, pactar cómo queremos abordar ciertos temas, cuál es la mejor manera de resolver discusiones o conflictos en casa y la definición de roles —de qué se encarga cada uno— son algunas de las cuestiones en las que resulta fundamental el acuerdo entre los miembros del equipo. Y si dedicamos el tiempo necesario a comunicarnos con el otro, podremos establecer una hoja de ruta que cuente con el beneplácito de ambos.

Sin embargo, a menudo las circunstancias ponen a prueba la resistencia del equipo. Cuando damos las cosas por sentadas y nos olvidamos de cuidar y nutrir las necesidades de nuestro compañero o nuestra compañera, dejando de corear el himno y de honrar nuestros colores, empiezan los problemas. A veces, el desgaste y la distancia transforman a nuestra pareja en nuestro rival, en alguien que, consciente o inconscientemente, nos pone la zancadilla en vez de tendernos la mano. Y nos encontramos formando parte de un equipo disfuncional, marcado por la agresividad, la hostilidad, la indiferencia... emociones que generan una brecha cada vez más amplia entre ambos.

Así, entramos en situación de bloqueo. Todo es motivo de resistencia y de desacuerdo, lo que genera amargas dosis de reproches y multiplica los obstáculos para lograr nuestros objetivos. Ante esta situación, hay quien opta por, de algún modo, desertar, aislándose emocionalmente. O quien, por el contrario, trata de llamar la atención mediante estratagemas y numeritos varios. Lo cierto es que no resulta fácil reconducir una situación de estas características. Aun así, hay medidas que podemos tomar... Siempre que estemos dispuestos a asumir la responsabilidad de iniciar el proceso de cambio.

Pero ¿cuál es la mejor manera de comunicarnos con nuestra pareja? A veces resulta muy difícil encontrar el momento, y las palabras que no decimos se van macerando en una suerte de olla a presión que termina estallando y quemándonos a los dos. Especialmente cuando consideramos que el otro no está poniendo suficiente de su parte, o cuando en nuestra opinión debería hacer, decir o actuar de una determinada manera. Lo cierto es que la comunicación resulta más efectiva si lleva a la paciencia de la mano. De ahí la importancia de hacer un esfuerzo por dejar a un lado todas las cosas que nos dificultan transmitir el mensaje que queremos.

Cuidar el tono, evitar coletillas negativas habituales y no mezclar temas son elementos fundamentales para que la receta funcione y pueden ayudarnos a dirigir nuestra conversación a buen puerto. Sin embargo, ¿cuántas veces nos ha pasado que hemos empezado queriendo decir una cosa y hemos terminado discutiendo por otra totalmente distinta? Para lograr el resultado deseado, podemos llevar a cabo los siguientes tres pasos. En primer lugar, buscar un momento en el que los dos podamos prestar toda nuestra atención a la conversación. Como segundo punto clave, formular el mensaje que queremos transmitir de la manera más concisa y templada posible. Y por último, no levantarnos de la mesa sin haber llegado a una conclusión compartida que establezca un plan de acción sobre ese tema en cuestión.

Sea cual sea el estado de nuestra relación, está en nuestras manos trabajar por y para la cooperación. Cuando la comunicación parece imposible de recuperar, puede resultar útil utilizar otros métodos. A veces el cara a cara nos pierde, y en esas situaciones, escribir aquello que necesitamos decir puede darnos un mejor resultado. Tal vez las cartas hayan caído en desuso, pero siguen siendo una forma poderosa de contactar con el otro. Lo cierto es que no siempre estaremos de acuerdo con los planteamientos o las decisiones de nuestro compañero en el viaje de la paternidad, pero si mantenemos claro nuestro objetivo principal —el bienestar de nuestros hijos— y tratamos de salirnos de la maraña de la emoción, podremos encontrar una vía más equilibrada y serena de gestionar nuestras emociones y las situaciones que vayan surgiendo. Y eso pasa por volver a poner en práctica la regla más importante de cualquier equipo: el entrenamiento.

Para recuperar o mantener la complicidad y la compenetración, resultan indispensables dos características básicas que nos permitirán salir airosos de las situaciones de conflicto y tensión. Existen muchos entrenamientos distintos, pero su esencia podría comprimirse en el conocido como «Entrenamiento de las cuatro C»: Cabeza, Corazón, Cama y Compromiso. Para alimentar la primera «C», Cabeza, necesitamos dedicar tiempo a la comunicación. Darnos espacios para compartir y conversar, a poder ser fuera de la inercia del día a día, bien sea tomando un café frente a frente en un bar o simplemente paseando. Dedicar un espacio semanal para plantear y consensuar decisiones también resulta muy útil. Incluso anotarlo en la agenda, como si de una cita con el médico se tratara.

Para cuidar la segunda «C», Corazón, resulta fundamental verbalizar de vez en cuando lo que significa nuestro compañero para nosotros, recordarnos —y recordarle— sus cualidades y todas aquellas cosas que nos gustan y valoramos de él. Aunque lo creamos, no todo se da por sobreentendido. Si bien es cierto que el tiempo tiende a hacer mella en el romanticismo, la cotidianidad no es excusa para no poner en práctica esta «C». Es una de las más importantes, pues facilita la comunicación, nos acerca a nuestro compañero de equipo y nos da fuerza para seguir construyendo desde la complicidad.

La tercera «C», Cama, significa mucho más que lo que sugiere la obviedad. Implica desarrollar la ternura, el cariño, la mimoterapia. En este terreno entran los besos. ¿Cuánto tiempo hace que no damos o recibimos un beso con todas las letras? Y las caricias. Podemos marcar una cita al mes, hacer algo diferente que nos ayude a reconectar la intimidad, dando espacio a la piel. A menudo estamos tan centrados en una misma rutina, incluso en lo referente al sexo, que olvidamos las infinitas posibilidades que nos ofrece el cuerpo del otro. Potenciar el deseo haciendo cosas distintas puede ofrecernos resultados sorprendentes. La piel nos conecta con el otro a un nivel profundo, lo que sin duda contribuye a reforzar el vínculo entre los miembros del equipo.

Por último, la cuarta «C», Compromiso, tiene que ver con reinventarnos, yendo más allá de nuestra zona de comodidad cuando sea necesario para volver a reencontrarnos con nuestro compañero. Posiblemente, ésta sea la «C» más difícil de mantener en tiempos complicados. Supone renunciar al orgullo y mirar más allá de las rencillas, centrarnos en el objetivo compartido en vez de en lo que el otro ha hecho o ha dicho. A menudo, eso supone acercarnos a él en vez de dejar que el malestar y la distancia se impongan. Y eso puede resultar mucho más heroico que mantenernos enrocados, sobreviviendo en una postura que en muchas ocasiones termina por devenir insostenible. Es el mejor entrenamiento en tolerancia y flexibilidad que la vida nos ofrece... a excepción de la relación que mantenemos con nuestros hijos adolescentes.

Llegados a este punto, cabe apuntar que la salud de un equipo se mide según sea el sentido de pertenencia que tienen sus miembros, además de la solidaridad que expresan el uno con el otro. Ello significa que cuando uno no llega, el otro toma el relevo, y los dos tratan siempre de solucionar sus diferencias. Compartir valores, actitudes y principios fortalece a un equipo, de ahí la importancia de cuestionar los nuestros y ponerlos en común con nuestra pareja. Una vez establecidas las reglas básicas del juego, viene la parte difícil: ponerlas en práctica y ser constantes. Eso implica hablar, limar, creer, crecer y reconstruir, a pesar del reto diario que suponen, muchas veces, nuestras circunstancias y la paternidad compartida de nuestros hijos adolescentes.

Ésa es la única manera de ganar el partido. El resultado no se mide en goles, canastas ni sets. El premio es algo más intangible y está conectado al goce de jugar. Porque cuando hacemos equipo con nuestra pareja, y entrenamos lo suficiente, ganamos en solidez, en estabilidad y en capacidad de amar. Ese aprendizaje nos lleva a abandonar la creencia de que nuestra felicidad depende de factores externos. Y es que más allá de nuestras reacciones impulsivas e inconscientes, el verdadero amor se fundamenta en la responsabilidad y la consciencia. ¿A qué esperamos, pues, para hacernos fans de nuestro equipo?

Aprender a volar

Cuenta una vieja leyenda de los indios sioux que una vez llegaron hasta la tienda del viejo hechicero de la tribu, tomados de la mano, Toro Bravo, el más valiente y honorable de los jóvenes guerreros, y Nube Alta, la hija del jefe y una de las mujeres más bellas de la tribu. «Nos amamos», empezó diciendo el joven. «Y nos vamos a casar —dijo ella—. Nos queremos tanto que tenemos miedo de no estar juntos eternamente. Queremos un hechizo, un conjuro, un talismán. Algo que nos garantice que podremos estar siempre juntos. Que nos asegure que estaremos uno al lado del otro hasta encontrar a Manitú el día de la muerte. Por favor, ¿hay algo que podamos hacer?»

El viejo los miró y se emocionó de verlos tan jóvenes, tan enamorados, tan anhelantes esperando su palabra. «Hay algo... —dijo el viejo después de una larga pausa—. Pero no sé... Es una tarea muy difícil y sacrificada.» «No importa», exclamaron los dos. «Lo que sea», ratificó Toro Bravo. «Bien —dijo el hechicero—. Nube Alta, ¿ves el monte al norte de nuestro poblado? Deberás escalarlo sola y sin más armas que una red y tus manos, y deberás cazar el halcón más hermoso y vigoroso del monte. Si lo atrapas, deberás traerlo aquí con vida el tercer día después de la luna llena.» La joven asintió en silencio. «Y tú, Toro Bravo, deberás escalar la montaña del Trueno; cuando llegues a la cima, encontrarás la más brava de todas las águilas y, solamente con tus manos y una red, deberás atraparla sin heridas y traerla ante mí, viva, el mismo día en que vendrá Nube Alta... —El viejo hizo una pausa y añadió—: Venga, corred, ¡salid ahora mismo!»

Los jóvenes se miraron con ternura y después de una fugaz sonrisa salieron a cumplir la misión encomendada, ella hacia el norte, él hacia el sur.... El día establecido, frente a la tienda del hechicero, los dos jóvenes esperaban con sendas bolsas de tela que contenían las aves solicitadas. El viejo les pidió que con mucho cuidado las sacaran. Los jóvenes lo hicieron y expusieron ante la aprobación del hechicero las aves cazadas. Eran verdaderamente hermosos ejemplares, sin duda lo mejor de su estirpe. «¿Volaban alto?», preguntó el hechicero. «Sí, sin duda. Como lo pediste... ¿Y ahora? —preguntó el joven—. ¿Las mataremos y beberemos el honor de su sangre?» «No», dijo el viejo. «¿Las cocinaremos y nos daremos un buen banquete?», propuso la joven. «No», repitió el viejo.

Tras unos instantes de silencio, el hechicero añadió: «Haréis lo que os voy a decir: tomad las aves y atadlas entre sí por las patas con estas tiras de cuero... Cuando las hayáis anudado, soltadlas y que vuelen libres». El guerrero y la joven hicieron lo que se les pedía y soltaron los pájaros. El águila y el halcón intentaron levantar el vuelo, pero sólo consiguieron revolcarse en el suelo. Unos minutos después, irritadas por la incapacidad, las aves arremetieron a picotazos entre sí hasta herirse gravemente. «No olvidéis jamás lo que acabáis de presenciar. Vosotros sois como un águila y un halcón; si os atáis el uno al otro, aunque lo hagáis por amor, no sólo viviréis arrastrándoos, sino que además, tarde o temprano, empezaréis a haceros daño el uno al otro. Si queréis que el amor entre vosotros perdure, tenéis que aprender a volar juntos, como un equipo... Pero jamás atados.»

PADRES QUE HICIERON CLIC

La separación no fue fácil. Supongo que ninguna lo es. Mi marido y yo pasamos casi dieciséis años juntos y tuvimos dos hijos. Pero al final, todo se fue al traste. Dejamos de hablarnos. Nos distanciamos poco a poco, y con dos adolescentes probando constantemente nuestros límites terminamos por echarnos la culpa el uno al otro por todo lo que no nos gustaba de nuestra propia vida. Dejamos que las pequeñas tonterías nos hicieran perder de vista todas las cosas buenas que habíamos construido. En cierto modo, le aparté. Me concentraba en otros asuntos para no pensar demasiado; corría hacia delante sin ir hacia ningún lugar. Me daba mucho miedo pararme y mirar a mi alrededor. Cuando mi marido me dijo que había conocido a alguien, fue como una experiencia extracorporal. Pasé unos días anestesiada, y de golpe, todo el dolor y la frustración aparecieron como un tsunami. Siendo sincera, no todo era causado por él. Pero se convirtió en el catalizador del cambio.

Y no sólo nos afectó a nosotros. Nuestros hijos se llevaron gran parte del paquete. Fueron testigos de palabras hirientes, malos modos y distancias obligadas. Tuvieron que cambiar sus rutinas, adaptar sus tiempos e intentar bailar al son de la música que les venía impuesta. Fueron dos años complicados. Su padre y yo apenas éramos capaces de comunicarnos civilizadamente. Y nuestros hijos se convirtieron en los desafortunados mensajeros. Sabíamos que la situación era casi insostenible, pero ninguno de los dos estábamos dispuestos a ceder. Parece mentira que la vida pueda dar un vuelco de 180 grados en un segundo, lo que tarda en terminar el sonido de una llamada de teléfono. «Buenas noches, le llamo del hospital general. Su hijo ha tenido un accidente.» Se me heló la sangre en las venas. Cogí el bolso y me dirigí hacia allí en el coche a toda velocidad.

En la entrada de urgencias casi me di de frente con mi ex marido. Los médicos no tardaron en aparecer, y nos informaron de que nuestro hijo estaba en el quirófano. Lo único que podíamos hacer era quedarnos sentados, esperando a que terminase la intervención. Al principio lo hicimos en silencio. Hasta que empezamos a discutir. Que si iba en el coche porque él se lo había dejado, que si era yo la que le había animado a conducir más... Entramos en el círculo vicioso de siempre. Estábamos tan centrados en la conversación que la doctora tuvo que carraspear hasta que le prestamos atención. «Siento informarles de que ha habido una complicación y su hijo se está debatiendo entre la vida y la muerte.» No pude evitar ponerme a llorar. En ese momento, mi ex marido me cogió la mano y me abrazó. No dijo nada. Simplemente me miró a los ojos y me apartó con dulzura un cabello de la cara. Y siguió abrazándome, como cuando nos conocimos. Él también empezó a llorar. «Lo siento mucho», murmuró en mi oído. «Yo lo siento más», sollocé. Y algo hizo clic.

3

Mismo lenguaje, diferentes idiomas

> La palabra es mitad de quien la pronuncia y
> mitad de quien la escucha.
>
> MICHEL DE MONTAIGNE

«No me entienden porque en el fondo se interesan más
por ellos que por mí.»

Querido diario:

A veces siento que mis padres y yo hablamos un idioma diferente. Por más que me esfuerzo, no consigo entenderles ni hacerme entender. Estando en mi propia casa suelo sentirme como si estuviera perdida en el centro de Pekín. Ni susurrando, ni gritando, ni gesticulando. El mensaje no les llega. Me siento tan frustrada que tengo ganas de romper algo... En fin. Todo esto viene a que no he conseguido convencerles para que me dejen ir a pasar el finde a casa de Eva. Dicen que tenemos una comida con mi tía y mis primos. ¿Cómo puedo explicarles lo importante que es ese acontecimiento para mí? Todos mis amigos van a estar allí. El plan es ver pelis, apalancarnos, charlar... Y aprovechar para ir a la fiesta que monta

Pablo. Me pidió personalmente que fuera, y le dije que sí. ¿Y ahora me tengo que quedar en casa para ver a mis primos? ¡Anda ya! Ellos creen que no me quiero quedar porque soy una egoísta y que no me importan los planes familiares que ellos montan. Eso es lo que me ha soltado mi madre después de mi cabreo por no dejarme ir. Y no tiene nada que ver con eso. Adoro a mis primos, y mi tía mola; me encanta pasar tiempo con ellos Es sólo que este finde intuyo que podría pasar algo con Pablo... Y los que están siendo egoístas son ellos, por no dejarme vivir mi vida. Lo triste del asunto es que ellos también me miran como si hablara otro idioma. No nos entendemos... Y tampoco sé si encontraremos la manera de entendernos.

La comunicación es traicionera. Es una necesidad básica del ser humano, pero también una inagotable fuente de malentendidos y conflictos. Tal vez sea la herramienta más valiosa con la que contamos —y quizás la más peligrosa—, pues nos otorga el poder de crear, pero también de destruir. Nos da la oportunidad de construir vínculos, compartir inquietudes, transformar emociones y realidades. Nos permite aprender, reflexionar y comprender. No obstante tiene, por otro lado, la capacidad de reducir a escombros las relaciones más sólidas, provocar las reacciones más viles y sumirnos en la más profunda desesperación.

Sea como sea, la comunicación es el vehículo a través del que construimos nuestra vida. Sin embargo, no solemos prestarle demasiada atención. La tenemos tan integrada en nuestro funcionamiento diario que la damos por sentada. ¿Cuántas veces decimos cosas sin pensarlas, presas de la emoción? ¿Qué consecuencias nos genera actuar de esta manera? En ocasiones, nos entendemos tan poco los unos a los otros que bien podríamos estar hablando en idiomas diferentes.

Por otra parte, cabe apuntar que tenemos dos oídos y una boca. Parece que estemos diseñados para escuchar el doble de lo que hablamos. Sin embargo, la mayoría de los seres humanos hablamos el doble de lo que escuchamos. Vivimos tan absortos en nuestra propia vida y nuestras circunstancias que solemos dar poco espacio y menos atención a la persona que tenemos delante. El piloto automático toma el control. Así, a menudo nos encontramos pensando en la lista de la compra mientras nuestro compañero de equipo o nuestros hijos nos cuentan sus vicisitudes. Además, cuando una persona de nuestro entorno se encuentra ante un problema o un obstáculo, nos invade con urgencia la necesidad de aconsejar. De este modo, solemos tratar de orientarla, diciéndole qué debería hacer —según nuestro punto de vista— para solventar esa situación.

Damos todo tipo de consejos porque creemos saber lo que el otro necesita. Y en demasiadas ocasiones, brindamos esa información a personas que no nos la han pedido. Desde que tenemos uso de razón nuestros padres, amigos y conocidos nos han aconsejado no sólo cómo vestir sino también qué camino profesional tomar. Las relaciones de pareja, sin ir más lejos, generan una corriente inagotable de consejos. Sin embargo, su eficacia —en la mayoría de las ocasiones— es prácticamente nula.

Al fin y al cabo, los consejos que damos son un reflejo de

nuestras creencias, de nuestro condicionamiento y de nuestras experiencias. De este modo, nos proyectamos con la necesidad —inconsciente— de que la realidad de la otra persona se adapte a lo que nosotros consideramos que sería mejor. Así, en demasiadas ocasiones aconsejamos de forma reactiva e impulsiva, lo que pone de manifiesto que no estamos prestando verdadera atención a nuestro interlocutor. Frente a esa situación surge una pregunta incómoda: en nuestras relaciones con los demás, ¿realmente escuchamos?

LOS TRES NIVELES DE LA COMUNICACIÓN

Llegados a este punto, vale la pena apuntar que en cada interacción humana en la que existe comunicación se generan tres niveles distintos. El primer nivel lo ocupa la motivación del emisor, es decir, la intención que le lleva a comunicar una determinada información. El segundo nivel supone la forma de comunicar dicho mensaje: el tono, el lenguaje no verbal, las palabras escogidas... Y el tercer nivel es la manera en la que el receptor interpreta dicho mensaje, según su personal y particular filtro. La realidad es que a menudo aparece una distancia insalvable entre las intenciones del emisor y la interpretación subjetiva del receptor. Y cuanto mayor es esta distancia, más probable resulta que se transforme en un malentendido o un potencial conflicto.

Por lo general, cuando nos encontramos en el papel de emisor, nos centramos únicamente en nuestras motivaciones e intenciones, sin asumir ninguna responsabilidad sobre la forma en la que estamos comunicando el mensaje. Nuestra motivación es hacernos entender, pero al no conseguir nuestro propósito, a menudo nos invade la frustración. Y no sólo eso. En ocasiones reaccionamos impulsivamente, utilizando la comunicación como arma. De ahí que cuando no recibimos la respuesta que esperamos de nuestro interlocutor —atención, apoyo, comprensión, empatía— con frecuencia nos veamos arrastrados a una escalada de violencia verbal tan dañina como agotadora. Posiblemente hemos vivido una situación de este tipo más de una vez con nuestros hijos adolescentes. Y tras la debacle, ¿cómo nos sentimos? ¿Y cómo se sienten ellos?

Quizás sea el momento de asumir nuestra responsabilidad por la forma en la que nos relacionamos como adultos en nuestro rol como padres. Y la mejor manera de saber si estamos siendo eficaces en el uso de la palabra es analizar los resultados que obtenemos. Lo cierto es que cada vez que hablamos podemos verificar que nos estamos comunicando en función de la respuesta que recibimos de nuestro hijo adolescente. Si reacciona, se pone a la defensiva o se siente atacado, tal vez tengamos que replantear la forma en la que hemos transmitido ese mensaje, en vez de pasar inmediatamente a juzgar y criticar su reacción. Podemos empezar por preguntarnos por qué hemos dicho lo que hemos dicho, qué queríamos aportar, cómo lo hemos formulado, con qué tono lo hemos planteado, para qué lo hemos compartido... En definitiva, asumir la responsabilidad del estímulo comunicativo que ha provocado la interpretación negativa en nuestro hijo adolescente.

A grandes rasgos, la psicología ha definido tres grandes estilos de comunicación: el agresivo, el pasivo-agresivo y el pasivo. Pongamos por ejemplo un viernes cualquiera, en el que nuestro hijo, para variar, llega tarde a casa para la cena familiar. En cuanto entrase por la puerta, el padre agresivo diría: «¡Llegas tarde! ¡Sabía que no podía confiar en ti, estás castigado!». El pasivo-agresivo optaría por un sutil, aunque cargado de segundas intenciones: «¿Ya estás aquí? Estaba a punto de llamar a los GEO. La comida ya está recogida». Y el pasivo no diría nada, pero interiormente se sentiría decepcionado, lo que podría provocar una discusión en el futuro.

En contraposición a estas tres formas de comunicar aparece el estilo asertivo. Siguiendo el ejemplo planteado anteriormente, un padre asertivo optaría por decirle a su hijo: «¿Qué tal te lo has pasado? Te agradeceré que la próxima vez que vayas a tardar me des un toque, para organizarme». De este modo, asume la realidad de que su hijo ha llegado tarde y hace algo al respecto sin atacar al otro ni tomarse como una ofensa personal el hecho de que no haya llegado puntual. Un ejercicio de empatía, respeto y comprensión que, lamentablemente, solemos poner poco en práctica.

De hecho, este cuarto estilo comunicativo es el que nos permite establecer vínculos más sanos y satisfactorios. Es el arte de mantener intacto el contenido sin renunciar a la forma. No en vano, la asertividad se basa en el respeto por uno mismo y por los demás. Implica poder expresar de manera clara, directa y honesta aquello que necesitamos compartir sin agredir a nuestro interlocutor en el proceso. Además, nos permite lograr de forma mucho más rápida y eficaz nuestro objetivo; es decir, conseguir que nuestro mensaje sea comprendido sin generar resistencias, malentendidos y conflictos.

El arte de domar las palabras

Entonces ¿cómo podemos incorporar la asertividad en nuestro estilo comunicativo con nuestros hijos adolescentes? El primer paso es prestar más atención a las palabras que pronunciamos y al significado que tienen, no sólo para nosotros, sino para la persona —en construcción— que nos está escuchando. De ahí la importancia de adaptar nuestro discurso a las necesidades de nuestros hijos. También resulta fundamental pensar bien lo que queremos decir antes de dejar que se escape de nuestros labios al más puro estilo kamikaze.

Así, podemos aprender a comunicarnos más asertivamente mejorando nuestro nivel de atención y de presencia. Para comunicar conscientemente tenemos que ser capaces de escuchar empáticamente, sin que en el proceso interfieran nuestras ideas previas o nuestros razonamientos sobre aquello que nos dicen. Y eso pasa por ser conscientes de qué tipo de escucha ponemos en práctica de manera habitual. Desde pequeños vamos al colegio para aprender a hablar y a escribir, pero nadie nos enseña a escuchar. Generalmente, casi por inercia, pasamos nuestros días limitándonos a oír. Y canalizamos nuestra necesidad de sociabilizarnos desarrollando distintos tipos de escucha. Así, solemos practicar la escucha egocéntrica, que consiste en utilizar lo que nos está contando el otro para dar la vuelta a la conversación y desahogarnos explicando nuestros propios dramas. O ejercemos la escucha a traición, que nos lleva a juzgar, culpabilizar o minimizar aquello que nuestro interlocutor está contando, incluso a reírnos de ello.

Probablemente, la que más utilizamos es la escucha de buenas intenciones, que consiste en compadecernos de la persona que tenemos delante y tratar de convencerla mediante consejos, intentando imponerle nuestro punto de vista. Y en algunas ocasiones incluso practicamos la escucha sin escucha, que se genera cuando el diálogo entre dos personas se convierte en la suma de dos monólogos en los que la interacción mutua no genera ningún efecto o resultado. Pero lo cierto es que sea cual sea el tipo de escucha que utilicemos, solemos centrar nuestra atención en lo que vamos a decir en cuanto nuestro interlocutor termine su intervención. Es más, a menudo le interrumpimos. Este hábito, tan extendido como dañino, parte de la base de que tenemos algo más importante que decir que la persona que tenemos delante. Tal vez sea el momento de hacer un ejercicio de autocrítica y preguntarnos: ¿cuántas veces hemos cortado a nuestro interlocutor antes de que terminase de explicarse?

Sin embargo, con esta actitud no logramos mejorar su situación. Este resultado es fruto de la mala comunicación y de nuestra falta de atención hacia el otro. Quizás escuchamos poco porque nos creemos en posesión de la verdad y la razón, porque asumimos que nuestro interlocutor está equivocado, o posiblemente porque sentimos que cuando hablamos ejercemos más influencia sobre los demás que cuando escuchamos. Pero lo cierto es que quien controla una conversación no es quien más habla, sino quien mejor escucha. Cambiar esa inercia tóxica está en nuestra mano, y pasa por comprometernos con nosotros mismos y nuestras relaciones, trabajando nuestra capacidad de escuchar activamente.

Sólo así podremos dejar de hacer hipótesis mientras nuestro interlocutor habla para limitarnos a absorber la información que estamos recibiendo, sin prejuicios, filtros, ni tensiones. Cabe destacar que el experto en inteligencia emocional Daniel Goleman identificó el arte de escuchar entre las habilidades que desarrollan las personas que cuentan con altos niveles de inteligencia emocional. No en vano, se trata de una de las aptitudes que marcan nuestras relaciones. Nos permite comprender a los demás, interesarnos activamente por sus preocupaciones e interiorizar perspectivas ajenas. Entre otros beneficios, contribuye a mejorar la efectividad de la comunicación y a potenciar la autoestima de nuestro interlocutor, ya que se siente valorado y comprendido, lo que repercute positivamente en la relación.

El valor de escuchar empáticamente

Para escuchar de verdad no utilizamos únicamente los oídos. Nuestros sentidos se alían para descifrar los mensajes, a veces contradictorios, que nuestro interlocutor emite. Escuchar es un arte, y requiere de grandes dosis de práctica y de mucha atención. Para aprender a escuchar hay que empezar por encontrar espacios de silencio. Sólo así podremos acallar el torrente de pensamientos que nos acompañan constantemente, dándonos la oportunidad de centrar nuestra atención plena en algo más allá de nosotros mismos.

Cuando escuchamos dejamos de juzgar, y creamos un espacio de silencio que nos permite responder a nuestro interlocutor desde la responsabilidad y la consciencia. La buena escucha crea un clima de empatía, de confianza y de autenticidad en el que es posible comprender las necesidades, los sentimientos y las motivaciones de la otra persona. Cuando practicamos la escucha activa con nuestro hijo adolescente, demostramos interés a través del *feedback*, le damos espacio para permitirle reflexionar y utilizamos la pregunta como herramienta para hallar la solución que está buscando. El escenario íntimo que ofrece la escucha empática nos permite cuestionar y cuestionarnos. Una pregunta bien planteada puede expandir su mente hacia nuevos horizontes, pudiendo llevarle a realizar cambios importantes en su vida. A diferencia de un consejo —que trae consigo implícita la respuesta—, la pregunta puede motivarle a ahondar en sí mismo para hallar la solución que está buscando. Así, preguntar de forma consciente promueve que la conversación se vaya concretando, dirigiéndose hacia la raíz del conflicto y su posible solución.

Además, la escucha activa nos permite practicar la empatía, poniéndonos en el lugar de nuestro interlocutor, apoyándole y aprendiendo de su experiencia. En ese espacio, somos capaces de interpretar el mensaje desde el marco emocional e intelectual de la persona que tenemos delante. Nos ayuda a conectarnos con nosotros mismos, con el otro y con el momento presente. De ahí que tras mantener una conversación en la que nuestro interlocutor ha utilizado la escucha empática, nos sintamos plenos, con una mayor perspectiva sobre los asuntos que hemos tratado. Escuchar supone un ejercicio diario, es un compromiso por mantener relaciones más honestas, constructivas y auténticas. Nos ayuda a crecer en tolerancia, respeto y flexibilidad. Y también a tomar perspectiva. Aunque lo parezca, no es lo mismo oír que escuchar. Y sin duda, existe un abismo entre aconsejar y preguntar.

Del mismo modo, es fundamental ser conscientes de lo que nosotros decimos y de cómo lo decimos. Para verificar si vamos por buen camino, basta con observar el rostro de nuestro interlocutor; sin duda alguna, es el mejor espejo para nuestra maestría en el arte de domar las palabras.

Escuchar el eco de nuestras palabras

Cuenta una historia hindú que un buen día un pastorcito que iba con su rebaño por un valle entre altas montañas tomó un nuevo sendero. De pronto, le pareció oír el sonido de los cencerros de otro rebaño. El ruido familiar le puso loco de contento, pues tenía muchas ganas de hacer amigos. «¿Quién está ahí?», gritó. Y al instante oyó otras voces que le respondían: «¿Quién está ahí? ¿Quién está ahí? ¿Quién está ahí?». Por lo visto, había otros pastores en aquel valle... «¿Dónde estáis? ¡No puedo veros!», volvió a preguntar a gritos. Y las voces respondieron: «¡No puedo veros! ¡No puedo veros! ¡No puedo veros!». Al oír esto, se enfadó. Los otros pastores no sólo se escondían sino que ¡encima se burlaban de él! «¡Dejaos ver, imbéciles!», les increpó. Y las voces respondieron: «¡Imbéciles, imbéciles, imbéciles!».

Al oír tal respuesta, el chico se asustó un poco. Vaya, él no era lo bastante mayor para enfrentarse solo a todos esos pastores, de modo que decidió reunir a su rebaño y regresar a casa. Al verlo llegar, compungido y sudoroso, su abuelo le preguntó: «¿Qué te ocurre, mi niño? ¡Cualquiera diría que has visto a un fantasma en el valle!». El chico le explicó su encuentro con los pastores que se escondían, dispuestos a atacarle. El abuelo comprendió de inmediato que su nieto se había asustado al oír el eco de su propia voz... Y le dijo: «Esos pastores no quieren hacerte daño. Están esperando sencillamente una frase amistosa por tu parte. Mañana, cuando vuelvas a los pastos, empieza por decirles "Buenos días"».

Al día siguiente, cuando llegó al fondo del valle, el pastorcito gritó alegremente: «¡Buenos días!». Y el eco respondió: «¡Buenos días, buenos días, buenos días!». El niño añadió: «¡Soy vuestro amigo!». Y el eco repitió: «¡Amigo, amigo, amigo!». Entonces el miedo abandonó el corazón del niño, pues comprendió que cada vez que utilizaba palabras amables, las voces le respondían de la misma manera. Y cuando se hizo adulto, siempre conservó en la memoria esa lección.

Padres que hicieron clic

«El tiempo es oro.» De las varias frases que mi padre solía repetir como una letanía, ésta es la que me caló más hondo; con el tiempo, se convirtió en mi lema. Mi trabajo como empresario me llevaba a pasar largas temporadas fuera de casa, viajando de ciudad en ciudad. Ese mismo trabajo me permitía ofrecer a mi familia lo mejor, o eso era lo que yo creía. Pero mi profesión cada vez me consumía más. Y lo compensaba restándoselo poco a poco a mi familia. En uno de mis viajes recibí una llamada de mi hijo mayor. Tras las preguntas de rigor —cómo estás, qué tal las clases— me hizo otra a la que no di demasiada importancia: «Papá, ¿cuánto cobras por hora?». Le respondí orgulloso, justo antes de colgar. Me había roto los cuernos para llegar donde estaba, para que mi tiempo fuera tan valorado como bien pagado.

Las siguientes semanas seguí con mi rutina; si no estaba de viaje, llegaba a casa a la hora de cenar, al menos, casi siempre. Durante la última semana, tuve varias llamadas perdidas de mi hijo. Intenté localizarle, pero no tuve suerte. Fueron siete días muy intensos en la oficina, y cuando llegaba a casa casi siempre le pillaba dormido. Nunca olvidaré la mañana en la que apareció en mi despacho. ¡Mi hijo había pedido hora para reunirse conmigo! Al parecer mi secretaria lo había anotado en mi agenda. No sabía qué estaba pasando. Me temía algún drama o problema que me tocaría resolver. Le observé mientras entraba en la sala, pensando qué demonios le habría llevado allí. «¿No tienes clase?», le dije. Fue lo primero que se me pasó por la cabeza; no tenía tiempo para distracciones. Había demasiados proyectos sobre mi mesa. Mi hijo se quedó callado mientras se sentaba en una de las dos sillas que hay enfrente de mi escritorio. «Hoy es sábado, papá», me contestó.

«¿Necesitas algo? Estoy en medio de una negociación importante, y...» Sin dejarme terminar, sacó un sobre de la chaqueta y me lo pasó por encima de la mesa. Era un sobre blanco, sin marcas de sellos ni remitente. «¿Qué es esto?», le pregunté. «Ábrelo», contestó. Cogí el abrecartas del cajón

4

Poner límites, pero no limitaciones

> Ten cuidado con las personas que interfieren en tu vida alegando que lo hacen por tu propio bien.
>
> FRIEDRICH NIETZSCHE

«La rigidez de mis padres me obliga a mentirles más de lo que me gustaría.»

Querido diario:

Vivo encerrada en una maldita jaula. Mis padres se pasan el día diciéndome lo que no puedo hacer. «No comas comida basura», «No llegues más tarde de las dos», «Termina los deberes antes de ponerte a ver la tele...» Y cuando me reboto, siempre acaban por soltar la frasecita «Mientras vivas bajo este techo harás lo que yo diga». Insisten en que es por mi propio bien. Pero en realidad lo hacen para tenerme controlada. Cada vez que me echan el discursito siento que no confían en mí. Aunque no tengo una media de excelente, nunca he repetido un curso. Y tampoco soy la típica que sale de farra cada finde. Mis padres toman decisiones todo el día sin contar conmigo, pero lo mínimo que podrían hacer es tener en cuenta lo que siento y lo que necesito. Al menos hablarlo conmigo y llegar a algún pacto. ¡Se supone que vivimos en una democracia, no en una dictadura! No se trata de que me dejen hacer todo lo que me dé la gana (aunque la verdad es que no estaría nada mal), simplemente pido que me escuchen y que sean un pelín más flexibles. Es como lo de ir en moto por la ciudad. No hay manera de convencerles. Ya sé que uno de los mejores amigos de papá murió en un accidente cuando era joven, pero no es lo mismo. La única vez que me pillaron yendo de paquete con Eva me cayó una bronca descomunal. Es una moto de 50 cc y Eva conduce como una abuelita. ¡Por favor! Hay accidentes cada día, pero bien que mi padre coge el coche sin pensárselo dos veces. Y mi madre me confesó que había tenido moto cuando tenía mi edad. Tratándome así, lo único que consiguen es que sea más creativa con mis mentirijillas.

Aunque no solemos prestarles demasiada atención, los límites son un elemento crucial que influye de forma determinante en nuestras relaciones, en especial en las que mantenemos con nuestros hijos. El problema es que a medida que van creciendo, cuestionan cada vez más las normas, directrices y responsabilidades que intentamos marcar en casa. A menudo, este ejercicio se convierte en un incesante tira y afloja que resulta tan agotador como exasperante, e invariablemente termina en conflicto.

No en vano, los límites están íntimamente vinculados a nuestra identidad y a nuestra integridad. Marcan la pauta de hasta dónde estamos dispuestos a llegar en una temática o situación determinada. Y los ponemos en cuestión cada vez que sentimos que deberíamos decir «No» y nos reprimimos; y también cada vez que perdemos la razón a causa de la forma —a veces vehemente, desagradable o agresiva— en la que establecemos dicho límite. Y no sólo eso, pues al no respetar nuestros propios límites, estamos invitando a nuestros hijos adolescentes a no hacerlo tampoco.

Muchas veces evitamos poner límites porque estamos cansados de tanto conflicto y hartos de broncas, gritos y lágrimas. Movidos por el miedo, con el tiempo podemos llegar incluso a olvidarnos de nosotros mismos, traicionando nuestros valores y sometiéndonos a los deseos de nuestros hijos. Puede que incluso nos dejemos arrastrar al extremo de perder la capacidad de construir una realidad familiar coherente con la persona que somos.

En este sentido, tal vez sea útil recordar que no se trata de imponer nuestra autoridad de forma rígida e inflexible, sino de marcar unas pautas para facilitar la convivencia. Los límites son los adoquines que nos ayudan a pavimentar ese camino. Son útiles porque dibujan un marco de referencia construido desde la experiencia. No se trata de restar libertad a nuestros hijos adolescentes, sino de entrenarles en el auténtico significado de la palabra «responsabilidad». En última instancia, los límites les enseñan a comprender el valor de la confianza, aprendiendo a asumir las consecuencias de sus propias decisiones, acciones y actitudes. Además, contribuyen a fomentar su proactividad y su disciplina.

Existen muchas maneras de poner límites, pero la más

poderosa es atreverse a decir «No», incluso cuando sabemos de antemano el tipo de reacción infantil que nuestros ya-no-tan-pequeños van a tener. Cuando se escapa de nuestros labios, el no tiene la capacidad de convertirnos en auténticos villanos a ojos de nuestros hijos adolescentes. Puede que incluso nos digan auténticas barbaridades, como que no nos quieren o que somos los peores padres de la historia. Pero más allá de este tipo de chantajes y manipulaciones emocionales, decir «No» de forma adecuada y oportuna es fundamental para que se respeten nuestras necesidades. Y también para evitar ceder a los deseos, con frecuencia excesivos, de nuestros hijos adolescentes. El objetivo es que sepan diferenciar entre libertad y libertinaje.

Además de la negativa, otra manera de presentar los límites a nuestros hijos es escribiendo una especie de contrato en el que cada uno de ellos quede reflejado y, si se quebrantan, las consecuencias que eso generará. Es una buena manera de evitar eternas discusiones poniendo en cuestión el límite y la penitencia que acarrea, y también de que nuestros hijos arguyan desconocimiento. La nevera es un lugar estupendo para colgar el documento, pues forma parte de las reglas de convivencia de la casa.

A menudo, por cansancio, exasperación o agotamiento, terminamos por convertir los límites en fronteras, tan marcadas como inamovibles. A grito pelado y con el dedo en alto, cerramos el asunto sin opción a discusión. En muchas ocasiones no son los límites en sí, sino nuestra manera de ponerlos, lo que nos termina pasando factura. Más allá del no rotundo, es importante dedicar tiempo y espacio para explicar —aunque sólo sea una vez— el porqué de esa decisión. Lo más seguro es que nuestra respuesta no sea bien recibida de cualquier modo. Sin embargo, con el tiempo y el entrenamiento, puede que nuestros hijos lleguen a comprender que detrás de los límites que les marcamos hay una razón de peso que los justifica. Y que en el caso de que éstos no se cumplan, habrá una serie de consecuencias.

DIFERENCIA ENTRE LÍMITES Y LIMITACIONES

Aunque lo olvidemos a menudo, para transmitir seguridad y convicción no hace falta gritar. En realidad, levantar la voz no sirve para nada. Es un estallido de emociones que salpica a nuestros interlocutores sin aportar nada de valor. Lo más efectivo es decir lo que tengamos que decir con tranquilidad y serenidad, evitando reaccionar frente a la posible reacción de nuestros hijos. En este sentido, tampoco es necesario que nos justifiquemos en exceso. Adornar nuestras negativas puede debilitar nuestra posición como padres. Una buena técnica es, simple y llanamente, decir «No» y añadir a continuación la razón principal del porqué. Por ejemplo: «Hijo mío, entiendo lo que quieres decir, pero no va a poder ser. Estás en tu derecho de enfadarte conmigo; sin embargo, espero que algún día te des cuenta de que no podemos hacer siempre lo que queremos».

Por otra parte, vale la pena reflexionar sobre la diferencia entre límites y limitaciones. Los límites son necesarios, pero las limitaciones no. Y las imponemos sin darnos cuenta. Están estrechamente relacionadas con nuestra manera de ver el mundo, nuestros propios miedos, frustraciones y carencias, que proyectamos a diario sobre nuestros hijos. Y más aún cuando son adolescentes y comienzan a escoger por ellos mismos, decidiendo qué hacer con sus vidas. Por poner un ejemplo, imaginemos que no queremos que nuestro hijo vaya en moto. El límite lo marcamos desde la prudencia, imponiendo una negativa. La limitación aparece cuando trasladamos a nuestro hijo nuestro propio temor a ir en moto. Si queremos romper con esta inercia inconsciente, que lo único que hace es restar recursos a nuestros hijos para que se enfrenten a su vida, podemos empezar por preguntarnos: ¿de qué manera estoy influenciando a mi hijo o transmitiéndole mis propias limitaciones?

Tal vez sean cosas tan simples como la fobia a algún animal o a alguna situación en particular, o quizás costumbres, tradiciones y convenciones profundamente arraigadas en nuestra psique, las cuales les imponemos sin haberlas cuestionado siquiera. Un ejemplo de esto último sería condicionarlos para que sigan un determinado partido político o un determinado equipo de fútbol; o, de tanto repetírselo, hacerles creer desde muy niños que «la mejor defensa es un buen ataque», que «los cambios son malos», o que «para ser feliz es importante tener éxito o que te quieran». Una vez identificadas este tipo de creencias limitantes, es el momento de cuestionarlas. Es la única manera de trascenderlas o, por lo menos, hacerlas conscientes para que no afecten demasiado a nuestros hijos. En este proceso, resulta útil preguntarnos: ¿qué resultados nos genera vivir nuestra vida desde estas creencias subjetivas?

En última instancia, nuestra labor como padres consiste en dotar a nuestros hijos de las herramientas necesarias para que puedan construir, por sí mismos, una vida plena y con sentido. De ahí la importancia de marcar los límites y de minimizar las limitaciones. Podemos aprender a transmitirles lo que pensamos y sentimos, pero sin generarles más barreras y obstáculos, pues de eso ya se encargará la vida. Si lo que pretendemos es potenciarlos en vez de limitarlos, tenemos que empezar por trabajar sobre nuestras limitaciones. Y el mejor modo de hacerlo es identificarlas, cuestionarlas y desecharlas en caso de que no estén sumando en nuestra vida.

El poder del condicionamiento

Un niño fue al circo con su padre y quedó fascinado con la actuación de un enorme elefante, cuyo peso y fuerza eran descomunales. Al terminar la función, el chico vio cómo el domador ataba una de las patas del animal a una pequeña estaca clavada en el suelo. Sin embargo, le sorprendió constatar que si bien la cadena era gruesa, la estaca era un minúsculo pedazo de madera apenas enterrado unos cuantos centímetros en la tierra. «Papá, ¿cómo puede ser que el elefante no se escape?», le preguntó. Y su padre, sin saber muy bien qué responder, le dijo: «Porque está amaestrado».

Aquella respuesta despertó todavía más la curiosidad del chaval. «Y si está amaestrado —insistió el chico—, ¿por qué lo encadenan?» El padre se quedó en silencio y no supo qué decirle. «Deja de hacer tantas preguntas —respondió de forma reactiva—. Es parte de la función. Los dueños del circo sabrán por qué lo hacen y seguro que tienen un buen motivo para hacerlo.»

Antes de marcharse a casa, un anciano que había escuchado la conversación reveló al niño la respuesta que andaba buscando. «¿De verdad que quieres saber por qué encadenan al elefante?», le preguntó, desafiante. «Por supuesto», contestó el chaval. Y el anciano, cómplice, le susurró: «El elefante no se escapa porque ha estado atado a una estaca parecida a ésa desde que nació. Posiblemente, al principio tratara de soltarse, empujando con todas sus fuerzas. Pero siendo un pequeño elefantito, la estaca era demasiado resistente para él. Y así continuó hasta sentirse agotado, impotente y, finalmente, resignado. Por eso ahora, aunque ya es un elefante grande y poderoso, sigue siendo preso de sus cadenas. Está convencido de que no puede liberarse de ellas. Lleva toda su vida encadenado. No sabe lo que es la libertad. Además, debido a su ignorancia, seguramente no se cuestione su encadenamiento durante el resto de su existencia».

PADRES QUE HICIERON CLIC

Siempre he sido una de esas personas que se preocupan. Desde que recuerdo he tenido tendencia a imaginar lo peor cuando había cualquier situación que me ponía nerviosa. En el colegio eran los exámenes; en el trabajo, la seguridad de mi puesto y la necesidad de probar que era buena en lo que hacía. Como madre, he sido muy leona; vamos, lo que se dice una madre protectora, a veces quizás demasiado. A mi hija Carla siempre le había gustado acompañarme a todas partes, pero cuando cumplió 14 años, todo empezó a cambiar. Quedaba cada vez más con sus amigas, una de las cuales no me gustaba nada. Total, que entré en modo *control freak*, especialmente cuando le pillé un paquete de cigarrillos en el abrigo.

Como era de esperar, lo negó todo. Y se enfadó muchísimo conmigo por haber tocado sus cosas. Esa noche terminé llorando de impotencia. Estaba preocupada, tenía la sensación de que la estaba perdiendo. Así que redoblé mis esfuerzos haciendo aquello que mejor se me daba: atar corto la correa y estar pendiente de todo. A intervalos le registraba los cajones —mientras limpiaba, o eso me decía a mí misma— y me descubría oliendo la ropa para comprobar si captaba restos de tabaco. Cada vez que Carla salía le preguntaba mil detalles, y empecé a llamarla o a mandarle mensajes más a menudo. Pero por mucho que intentaba estar ahí, ella se alejaba cada vez más. Recuerdo una tarde en la que le monté un pollo tremendo por haber llegado una hora más tarde de lo acordado, y me dijo que era insoportablemente pesada y que la estaba ahogando. Me quedé hecha polvo, pero me mantuve en mis trece. No lo podía evitar, el impulso era más fuerte que yo, y mi mente nunca ha querido cooperar para vivir más relajada y menos preocupada.

Durante varios meses continuamos con esa dinámica, ella cada vez evitándome más y yo intentando entrar en su vida a toda costa. Hasta que una mañana de sábado, después de pedirle que fuera a hacer un recado, recordé que había olvidado encargarle una cosa y marqué su número de móvil. Al cabo de pocos segundos me di cuenta de que estaba sonando en su habitación. Ni corta ni perezosa entré para coger su te-

SEGUNDA PARTE

Cóctel molotov emocional

5

El laberinto de la autoestima

Ni tu peor enemigo puede hacerte tanto
daño como tus propios pensamientos.

BUDA

«No sé qué más hacer para caer bien a la peña
del instituto.»

Querido diario:

Hoy ha sido el peor día de mi vida. El profe de historia —ese
dinosaurio cabrón— me ha suspendido el trabajo sobre la
Guerra Civil. Y ha tenido la mala leche de comentarlo en voz
alta. Me hacía sentir cada vez más pequeña en mi silla. ¡Odio
ser el centro de atención! Y menos por algo así... En fin, que
cuando parecía que ya no me podía encoger más, ha sonado
la campana y he ido directa al lavabo del pasillo. Me ardían
las orejas y estaba roja como un tomate; necesitaba esconderme del mundo durante un rato. Por suerte, me quedaba el
consuelo de la bolsa de chuches que llevaba en la mochila. Al
cabo de un momento han entrado Clara y Laura, de la otra
clase, y se han puesto a criticar al personal sin saber que las

estaba escuchando. Me he quedado quieta y muy callada, hasta que he oído que hablaban sobre mí. No lo he podido pillar todo, pero se estaban riendo de mi cara. Decían que tenía nariz de cerdo. Que no les extrañaba nada que por ahí me llamaran Porky. Además, Laura decía que estoy gorda, y Clara ha soltado un «rechoncha como mínimo». Se me ha atragantado una gominola. Y he tirado el resto al váter. Nunca más voy a volver a comer chuches. Me da mucha rabia que me importe lo que piensan esas petardas de mí. Pero no sé cómo evitarlo. A veces me comparo con algunas de ellas, y siempre salgo perdiendo. ¿Por qué me siento tan inadecuada todo el tiempo? ¿Se pasará esto alguna vez?

La mayoría de los adolescentes viven constantemente comparándose, construyendo una identidad falsa para agradar y ser aceptados por su grupo y su entorno social. En realidad, este conflicto interno también los adultos lo padecemos a menudo. No en vano, el amor es la mayor adicción del ser humano. Lo necesitamos casi tanto como el aire que respiramos, y marca las decisiones y las acciones más relevantes de nuestra vida. Sentirnos amados nos lleva a sentirnos aceptados, valorados y respetados por lo que somos. El amor nos genera bienestar emocional y aporta significado a nuestra existencia. Y tal como nos han (mal) enseñado, solemos buscarlo incansablemente fuera de nosotros mismos, en nuestras interacciones con los demás.

Sin embargo, no siempre recibimos aquello que esperamos. Cuando no se cumplen nuestras expectativas, nos invade la frustración y aflora nuestro malestar. Un simple comentario puede estropearnos el día. Y es que vivimos tan pendientes de nuestra realidad externa que hemos terminado por depender de ella emocional y psicológicamente. En vez de permitirnos descubrir quiénes somos, esperamos a que nos lo digan los demás. Así, en demasiadas ocasiones somos en función de cómo los demás creen que somos.

Esta patología contemporánea se ceba particularmente en los adolescentes. El culto a la imagen, la moda, la necesidad de fundirse en el grupo de amigos... Guiados por sus carencias e inseguridades, pueden llegar a pervertir su forma de ser, sus necesidades y sus inquietudes para cumplir con lo que se espera de ellos. Y comienzan a desarrollar una máscara que les lleva a emprender metas para lograr el reconocimiento, el respeto y la valoración de su entorno. Lamentablemente, en este proceso pueden perderse a sí mismos. Y es que tanto adolescentes como adultos a menudo olvidamos que es precisamente en nuestro interior donde habita el amor que tanto anhelamos, camuflado bajo el nombre de autoestima.

La autoestima se define como la manera en la que nos valoramos a nosotros mismos y la consideración que mantenemos hacia nuestros valores, sentimientos y proyectos. Es una necesidad básica para todo ser humano. Sin embargo, en demasiadas ocasiones es malinterpretada. Hay quien cree que quererse a uno mismo es un acto egoísta y vanidoso, y que es mucho más importante el cuidado de los demás que el de uno mismo. Pero ¿cómo podemos querer y cuidar a alguien si no nos queremos y cuidamos a nosotros mismos primero?

La base de nuestras palabras, actitudes y acciones está en el pensamiento. A través del pensamiento generamos una serie de emociones que fisiológicamente crean una experiencia en nuestro interior. Por lo tanto, aquello que pensamos y, sobre todo, cómo pensamos determina aquello que vivimos. Por ejemplo, cuando nuestra hija adolescente no para de repetirse «Soy un desastre» o «No voy a conseguirlo» se está limitando a sí misma, sumando en sufrimiento. Por otra parte, pensamientos como «Me acepto tal como soy» o «Voy a dar lo mejor de mí misma» potencian y construyen. Tal vez sea el momento de cuestionarnos de qué manera contribuimos, a través de comentarios y conversaciones, al desarrollo sano de la autoestima de nuestros hijos.

Así, ¿de qué manera podemos ayudar a que nuestros hijos adolescentes se construyan una autoestima sólida? El primer paso es armarnos de grandes dosis de paciencia. Todo empieza con tratar de criticarles menos y empezar a apoyarles y valorarles por la persona que son, no por la que creemos que deberían ser. El objetivo de esta ardua tarea es que aprendan a sentirse más a gusto con ellos mismos, que desarrollen su propio criterio —porque cuando hablan se sienten escuchados y respetados— y que vayan ganando en responsabilidad. Si se sienten seguros, serán más capaces de aceptar lo que van descubriendo acerca de quiénes y cómo son. De este modo, podrán aprender a ser conscientes de sus capacidades y potencialidades, así como a asumir sus limitaciones, sin negarlas pero sin recrearse en ellas. Y entrarán en contacto con una visión más sana y objetiva de sí mismos.

Lo sepamos o no, contamos con un buen arsenal de armas con las que podemos ayudar a nuestros hijos a crecer en autoestima. En primer lugar, está en nuestras manos demostrarles que les queremos. Para que realmente lo sientan no basta con decirlo, tenemos que actuar en consecuencia. Y eso significa dedicarles el tiempo necesario, compartir actividades, y practicar la comunicación asertiva y la escucha empática todo lo que nos sea posible. En segundo lugar, podemos apoyar sus inquietudes e intereses. Eso pasa por entusiasmarnos por lo que a ellos les entusiasma. Que se sientan respaldados por nosotros no es moco de pavo, les ayuda a compartir más y a sumar en seguridad. En tercer lugar, es clave que les ayudemos a marcarse metas, y que disfrutemos de sus triunfos con ellos. También podemos recordarles de vez en cuando que estamos orgulloso de ellos y especificar el porqué. Otra buena arma es animarles a hacer deporte, especialmente uno de equipo, que fomenta el compañerismo e incluye la cultura del esfuerzo en la ecuación. Compartirlo con ellos es incluso mejor. Finalmente, también resulta útil aparcar la crítica y comenzar a hablar de áreas de mejora. No se trata de descalificar, sino de enseñar a buscar nuevas maneras —más efectivas— de hacer las cosas.

Construir una autoestima sólida es fundamental para establecer relaciones saludables con las personas de nuestro entorno, basadas en el respeto mutuo. Para lograrlo, tenemos que enseñar a nuestros hijos a conquistar su propia confianza, el mejor antídoto contra ese miedo que no les permite avanzar. No se trata de un proceso inmediato, requiere de mucha constancia y grandes dosis de paciencia. Si creemos en ellos y en sus posibilidades, les transmitiremos que ellos también pueden creer en sí mismos. Tal vez entonces dejarán de verse tan arrastrados por las opiniones ajenas y serán capaces de tomar las riendas de su vida, responsabilizándose de sus decisiones y acciones.

La autoestima es una puerta abierta a la libertad. No en vano, amarnos a nosotros mismos es el primer paso para amar a otros de forma sostenible, abandonando las relaciones de apego y dependencia. De ahí la importancia de preguntarnos de vez en cuando: ¿de qué manera estamos encarnando la autoestima que nos gustaría que tuvieran nuestros hijos? Está en nuestras manos observarnos con una perspectiva distinta, tratar de aceptar y apreciar cómo somos, y valorar nuestras cualidades y capacidades. Ahí radica la fuente del amor, en conocernos y aceptarnos, lo que nos permite dar lo mejor de nosotros mismos en cada situación. Más allá de ocultarnos tras una máscara del agrado de los demás, la autoestima nos permite ser los auténticos protagonistas de nuestra vida, y a nuestros hijos les permite convertirse en los protagonistas de la suya.

El valor del anillo

Agobiado por sus conflictos internos, un joven alumno visitó a su anciano profesor. Y entre lágrimas, le confesó: «He venido a verte porque me siento tan poca cosa que no tengo fuerzas ni para levantarme por las mañanas. Todo el mundo dice que no sirvo para nada, que soy inútil y mediocre. ¿Qué puedo hacer para que me valoren más?». El profesor, sin mirarlo a la cara, le respondió: «Lo siento, chaval, pero ahora mismo no puedo atenderte. Primero debo resolver un problema que llevo días posponiendo». Y haciendo una pausa, añadió: «Si tú me ayudas, tal vez luego yo pueda ayudarte a ti».

El joven, cabizbajo, asintió con la cabeza. «Por supuesto, profesor, dime qué puedo hacer por ti.» Pero más allá de sus palabras, el chaval se sintió nuevamente desvalorizado. El anciano se sacó un anillo que llevaba puesto en el dedo meñique y se lo entregó al joven. «Estoy en deuda con una persona y no tengo suficiente dinero para pagarle —le explicó—. Ahora ve al mercado y vende este anillo. Eso sí, no lo entregues por menos de una moneda de oro.» Seguidamente, el joven cogió el anillo y se fue a la plaza mayor.

Una vez ahí, empezó a ofrecer el anillo a los mercaderes. Pero al pedir al menos una moneda de oro por él, algunos se reían y otros se alejaban sin mirarlo... Derrotado, el chaval regresó a la casa del profesor. Y nada más verlo, compartió con él su frustración: «Lo siento, profesor, pero es imposible conseguir lo que me has pedido. Como mucho me daban dos monedas de plata. Nadie se ha dejado engañar sobre el valor del anillo». El anciano, atento y sonriente, le contestó: «No te preocupes. Me acabas de dar una idea. Antes de ponerle un nuevo precio, primero necesitamos saber el valor real del anillo. Anda, ve al joyero y pregúntale por cuánto se vendería. Y no importa cuánto te ofrezca. No se lo vendas. Vuelve de nuevo con el anillo».

Y eso fue precisamente lo que el joven hizo. Tras un par de minutos examinando minuciosamente el anillo, el joyero lo pesó y con un tono de lo más serio, le indicó: «Di a tu profesor que si lo quiere vender hoy mismo puedo darle 42 monedas de oro, pero que si me da un par de semanas se lo compro por 81». Y el chaval, incrédulo, exclamó: «¡81 monedas de oro! ¡Ahora mismo voy corriendo para informarle!».

El joven llegó emocionado a la casa del anciano y compartió con él lo que el joyero le había dicho. «Estupendo, gracias por la información. Ahora siéntate un momento y escucha con atención», le pidió el profesor. Y mirándole directamente a los ojos, añadió: «Tú eres como este anillo, una joya preciosa que solamente puede ser valorada por un especialista. ¿Pensabas que cualquiera podía descubrir su verdadero valor?». Y mientras el profesor volvía a colocarse el anillo en su dedo meñique, concluyó: «Todos somos como esta joya. Valiosos y únicos. Y andamos por los mercados de la vida pretendiendo que personas inexpertas nos digan cuál es nuestro auténtico valor».

Padres que hicieron clic

Nunca me he considerado una de esas personas que se preocupan demasiado por su imagen. Por lo general, creo ser bastante sana en ese sentido. Huyo del exceso de maquillaje y no me miro demasiado en el espejo. Mi única debilidad ha sido tal vez mi tendencia a probar distintas dietas. A lo largo de los años, he intentado poner en práctica casi todas las que existen. La Atkins, la proteica, la del aguacate, la de la fruta, la de la alcachofa... Podría escribir un libro. Pero ninguna me ayudaba a perder los kilitos de más que arrastraba desde mi último embarazo. Quizás simplemente no quería aceptar que mi cuerpo había cambiado para siempre. O tal vez me negaba a rendir pleitesía a las muy poco favorecedoras fajas adelgazantes. Toda mi vida he sido muy perfeccionista, exigente conmigo misma. Es algo que me ha dado buenos resultados en el trabajo, una parte de mí de la que siempre había estado orgullosa. Me gusta marcarme metas y conseguirlas. Es algo que procuré inculcar a mi hija Sara. Y dio resultado.

Siempre ha sacado muy buenas notas y jamás he recibido queja alguna de ninguno de sus profesores. Así que nunca he tenido que preocuparme demasiado en ese sentido. Sí es verdad que antes de empezar el bachillerato pasó una etapa muy nerviosa, y como a Sara los nervios se le ponen en el estómago, no me pareció raro que perdiera un poco de peso. «Es que llevo unos días con el estómago revuelto», «No tengo hambre», «He comido demasiada merienda, por eso prefiero no cenar...» En fin, nada que se saliera de los cánones normales. Al cabo de poco tiempo, la pillé hojeando uno de mis libros sobre dietas en la mesa de la cocina. Me dijo que quería comer más sano, que estaba harta de las hamburguesas y las guarrerías, y yo la apoyé al cien por cien. Incluso le decía que estaba mucho más guapa desde que había empezado a cuidarse en ese sentido.

Una noche, después de cenar, entré en el baño para recoger un poco y la encontré vomitando en el váter. Me dijo que se encontraba mal de nuevo, que era culpa de su estómago nervioso. Por un segundo la creí, hasta que vi que tenía la mano derecha manchada de vómito. «¿Te lo has provocado tú? ¡Sara, esto es muy serio!», le dije, casi en estado de shock.

6

La cárcel del miedo

No es valiente quien no tiene miedo, sino
quien se atreve a conquistarlo con valentía.

Nelson Mandela

«A veces el miedo me paraliza hasta tal punto
que no puedo ni pensar.»

Querido diario:

Odio ponerme roja. Y me pasa cada vez que el profe de turno
me pregunta algo en clase. Siempre he sido una persona tími-
da, más bien introvertida. Pero me cabrea sobremanera ponerme tan nerviosa cuando los ojos de los demás se centran
en mí. Se me colapsa el cerebro y no puedo decir lo que
quiero ni como lo quiero. Y lo peor es cuando toca hacer una
presentación delante de la clase... La última era para biología,
y lo pasé fatal. Intentaba mirar a Eva, para ver al menos una
expresión amiga, pero ni así. Me sentía indefensa. Me costa-
ba vocalizar, pensar e incluso moverme, me quedaba rígida.
Tampoco ayudaba que Pablo estuviera en la tercera fila...Te-
nía miedo de equivocarme, de que se rieran de mí, de decir

una tontería —o muchas—. Es una mierda. Pero no sé cómo arreglarlo. Paso muchísima vergüenza. Y en realidad sé que yo no soy así. Simplemente no me gusta ser el centro de atención. A muchas chicas les encanta, pero yo no sé dónde meterme. Suerte que tengo a mis amigos. Por lo menos me animan. Antes de la presentación de biología, pedí ayuda a mi madre y me confesó que cuando ella iba al cole le pasaba lo mismo. Quizás sea genético, y nunca podré hablar en público siendo yo. ¡Arrrg! Odio esa sensación. Supongo que es miedo. A no ser suficientemente buena, a no ser yo misma, a ser yo misma... Qué sé yo. Lo único que sé es que quiero dejar de estar asustada, como en ese sueño típico de estar en pelotas en medio de la clase; quiero dejar de tener miedo a no gustar a los demás. Es patético, pero no puedo evitarlo. Siento miedo a no conseguir lo que quiero, a no estar a la altura, a tantas cosas que no las puedo ni contar. Y no tengo ni idea de cómo dejar de sentirme así. Vaya mierda.

El corazón se acelera. La respiración se agita, incontrolada, mientras los músculos de todo el cuerpo se tensan. El sudor entra en escena, delator, acompañado de una súbita sequedad de boca. Los reflejos se agudizan y la atención aumenta. La inquietud vibra al son de los escalofríos. Así se siente el miedo. Una reacción de defensa, natural, necesaria para la supervivencia, que permite al ser humano alejarse de situaciones potencialmente peligrosas. Pero cuando el miedo deja de proteger nuestra integridad y entra en el terreno de lo emocional, marcando nuestra toma de decisiones, se convierte en una sutil forma de esclavitud que puede llegar a definir nuestra vida.

¿Cuántas veces hemos dejado de hacer algo por miedo? ¿Cuántas decisiones hemos tomado guiados por el temor? Probablemente, demasiadas. No en vano, el miedo es uno de los mayores obstáculos con los que topamos en nuestra vida. Como padres, está en nuestras manos contribuir a que nuestros hijos adolescentes aprendan a trascender sus miedos, ganando seguridad en sí mismos. Pero para ello resulta imprescindible no convertirles en la diana de nuestras propias carencias, lo que nos lleva en muchas ocasiones a una necesidad de control o sobreprotección que puede resultar extremadamente nociva.

A menudo, el miedo manipula nuestra mente para proyectarse en el futuro, jugando con la especulación psicológica. Es un maestro utilizando la fórmula del «¿Y si...?», cuyas infinitas posibilidades, fuente de incertidumbre, pueden llegar a convertirse en un doloroso tormento mental. Especialmente cuando nos preocupamos por nuestros hijos. «¿Qué estará haciendo? ¿A qué hora volverá? ¿Le habrá pasado algo?» Pero lo cierto es que estas hipótesis tóxicas —pues siempre están basadas en el peor escenario posible— nos alejan del momento presente y nos llevan a vivir en una ilusión que acaba distorsionando la realidad.

Esta inercia nos suele arrastrar a una necesidad de control cada vez mayor. Y eso afecta directamente a la vida de nuestros hijos. Así, este mecanismo intenta que nuestro entorno se adapte constantemente a nuestros deseos, necesidades y expectativas. Existen cientos de maneras diferentes de controlar una situación, pero todas ellas persiguen ejercer la mayor influencia posible sobre nuestros hijos. Cuando lo logramos, nos sentimos cómodos y seguros, cerca del bienestar que ansiamos. Pero en el momento en que algo se sale del minucioso esquema que hemos diseñado, el malestar y la insatisfacción se adueñan de nuestras conductas y actitudes. E inevitablemente, éstas se convierten en fuente de conflicto, repercutiendo en nuestra relación con nuestros hijos.

Por más que nos cueste de reconocer, la mayoría de las personas no sabemos convivir con la incertidumbre inherente a nuestra existencia. Paradójicamente, si bien tratar de tener el control nos genera tensión, soltarlo nos produce todavía más ansiedad. De ahí que muchos estemos atrapados en esa desagradable disyuntiva. Así, cuanto más inseguros nos sentimos por dentro, más tiempo, dinero y energía invertimos para asegurar nuestras circunstancias externas. Pero lo cierto es que el control nos limita. Impide que nos relajemos y que disfrutemos del momento que estamos viviendo. Y exige que en su nombre sacrifiquemos la fluidez y la espontaneidad. Además, sin coste extra, nos proporciona dosis regulares de tensión y preocupación. Pero ¿cómo podemos romper el círculo vicioso del control? El pensamiento «Seguro que saldrá mal» nos asalta demasiado a menudo. La vida no siempre resulta fácil, y como padres, la preocupación nos acompaña tan a menudo como nuestra sombra. Pero hay un abismo entre la prudencia y la necesidad de control movida por el miedo.

mos capaces de focalizar nuestra atención en nuestra verdadera motivación, que nos empuja a seguir nuestro propio camino a pesar de los posibles riesgos, o los que pueden padecer nuestros hijos. Este proceso nos ayuda a centrarnos en nuestro «círculo de influencia», es decir, en aquello que sí depende de nosotros: la actitud que tomamos frente a nuestras circunstancias o las que padecen nuestros no-tan-pequeños.

Vencer al miedo requiere valentía. Y conectamos con el valor cuando vivimos en coherencia con nuestros propios valores, que nutren nuestra confianza. De ahí la importancia de descubrir quiénes somos y comprometernos a descubrir quiénes son nuestros hijos. Vivir con coraje nos lleva a salir de la cárcel de nuestra mente y nos ayuda a derribar la coraza que hemos fabricado con nuestros miedos, creencias y carencias para protegernos y proteger también a nuestros hijos. Esto nos permite tomar decisiones en consonancia con nuestras verdaderas inquietudes y necesidades, más allá del miedo.

No en vano, el verdadero coraje nos lleva a actuar a pesar de nuestros temores, liberándonos de nuestras limitaciones. La acción diluye el pensamiento, nos saca de nuestra zona de confort y nos permite mostrarnos desde la autenticidad. De ahí que actuar con valentía nos lleve a ganar en libertad. Si aspiramos a que nuestros hijos crezcan en confianza y en seguridad, podemos empezar por inspirar con el ejemplo. Si bien es cierto que los seres humanos no podemos controlar el miedo, sí podemos decidir cómo comportarnos ante esa intensa emoción. Está en nuestras manos intentar dar lo mejor de nosotros mismos en cada momento, abrazando la incertidumbre como fuente de aprendizaje y crecimiento. Al fin y cabo, el enemigo natural del amor no es el odio, sino el miedo. De ahí la importancia de dejar de vivir en la mente para vivir el presente. Y de preguntarnos: ¿qué haría si no tuviera miedo? ¿Tomaría decisiones diferentes sobre mis hijos? ¿De qué manera eso cambiaría mi vida?

En última instancia, cuando vivimos bajo la tiranía del miedo, solemos vender nuestra libertad a cambio de seguridad. Y no sólo la nuestra, ya que en este proceso también arrastramos a nuestros hijos. Pero mientras insistamos en llenar nuestra existencia de certezas, seguiremos siendo marionetas en manos del miedo. Aunque nos cueste reconocerlo, la existencia se asienta sobre la incertidumbre, el cambio constante y la falta total de control sobre nuestras circunstancias. Y sólo cuando somos capaces de aceptar y abrazar toda esa inseguridad podemos reconectar con la verdadera libertad, que va de la mano de la responsabilidad personal.

El legado de Alejandro Magno

Se cuenta que el rey macedonio Alejandro Magno, de camino hacia la India, fue a visitar al filósofo griego Diógenes de Sinope, quien descansaba a la orilla de un río. Nada más verlo, Alejandro Magno quedó fascinado por la paz que desprendía su presencia. «Señor, por todas partes me cuentan que es usted un gran sabio —afirmó el monarca—. Me gustaría hacer algo por usted. Dígame lo que desea y se lo daré.» Sin apenas inmutarse, Diógenes le contestó, con voz tranquila y serena: «Si eres tan amable, muévete un poco hacia un lado, que me estás tapando el sol. No necesito nada más». Su respuesta dejó impresionado a Alejandro Magno.

Tras unos segundos de silencio, el filósofo le comentó que durante meses había visto pasar muchos ejércitos que seguían órdenes del rey. «¿Adónde vas, Alejandro?», le preguntó. «Voy a la India», dijo el monarca. «¿Para qué?», quiso saber Diógenes. Seguro de sí mismo, el emperador le contestó: «Para conquistar el mundo entero». Diógenes le miró a los ojos y le hizo una nueva pregunta: «Y después, ¿qué vas a hacer?». Alejandro Magno estuvo pensando un buen rato y finalmente afirmó: «Después descansaré, viviré tranquilo y seré feliz».

Diógenes se echó a reír. «Estás loco —le espetó—. Yo estoy descansando ahora. No he conquistado el mundo y no veo qué necesidad hay de hacerlo. Si al final lo que quieres es vivir tranquilo y ser feliz, ¿por qué no lo haces ahora? Y te digo más: si lo sigues posponiendo nunca lo harás. Morirás. Todo el mundo muere en el camino, pero son muy pocos los que realmente viven.» Alejandro Magno le agradeció sus palabras y le dijo que las recordaría. Sin embargo, le confesó que en aquel momento no podía detenerse, pues tenía mucho por hacer y por conquistar.

Los años pasaron, pero según la leyenda aquel encuentro removió enormemente la conciencia del rey macedonio. Tanto es así que hacia el final de su existencia, encontrándose al borde de la muerte, Alejandro Magno convocó a sus generales para comunicarles sus tres últimos deseos. En primer lugar, quería que su ataúd fuese transportado a hombros por los mejores médicos del imperio. También les pidió que los tesoros que había conquistado fueran esparcidos por el camino hasta su tumba. Y por último, les insistió en que sus manos quedaran balanceándose en el aire, fuera del ataúd, a la vista de todos.

Asombrado, uno de sus generales quiso saber qué razones había detrás de tan insólitas peticiones. Y Alejandro Magno, muy serio, le respondió: «Primero, quiero que los más eminentes médicos carguen mi ataúd para recordar a la gente que tarde o temprano todos vamos a morir, y que frente a la muerte, ellos no tienen el poder de curar. Segundo, quiero que el suelo sea cubierto por los tesoros acumulados durante mis años de invasiones para que el pueblo sepa que los bienes materiales conquistados aquí permanecerán. Y tercero, quiero que mis manos se balanceen al viento para que todos vean que venimos al mundo con las manos vacías, y que con las manos vacías nos marchamos».

PADRES QUE HICIERON CLIC

Mi hijo Juan nunca ha sido el mejor de la clase, pero tampoco ha tenido problemas para aprobar. Sin embargo, este año ha sido distinto. El primer trimestre volvió a casa con un suspenso en matemáticas. No me cabía en la cabeza, estaba en bachillerato y no era precisamente el momento de empezar a fallar. Quizás fui un poco duro con él, pero ni la sombra de lo que mi padre hubiera dicho o hecho conmigo si llego a suspender una asignatura troncal. La única responsabilidad de Juan es su vida académica, no le exigimos nada más. Le dije que se habían acabado las distracciones. Incluso le contraté un tutor particular para que le ayudara a ponerse al día con las dichosas matemáticas. Cada noche le preguntaba cómo lo llevaba, pero casi nunca lograba arrancarle más de «Tirando, un poco mejor».

De acuerdo, soy una de esas personas que cuando se les mete algo entre ceja y ceja no lo dejan ir. Pero tenía motivos para ser exigente con mi hijo, para pedirle que rindiera al máximo. Su futuro dependía de ello, sus notas determinarían sus opciones para acceder a la universidad. De ahí mi cabreo supremo cuando el segundo trimestre llegó con un regalo tan inesperado como envenenado: tres señores suspensos. No daba crédito. Me constaba que no era un problema de capacidades, ni de horas dedicadas a estudiar. Me sentía tan frustrado que lo único que se me ocurrió fue castigar a Juan sin salir durante un mes y retirarle el móvil hasta final de curso. Casi ni protestó cuando se lo dije. Simplemente se encerró en su habitación. Al día siguiente, empezó a estudiar cada día después de clase con el profesor particular. Se pasaba los fines de semana en casa, y se volvió más callado y retraído que de costumbre. Yo daba por hecho que se debía a los castigos, y lo dejaba pasar.

El último día de clase volvió a casa y, sin mediar palabra, me entregó el sobre con las notas. La cosa no pintaba bien. Efectivamente, tres suspensos de nuevo. Lo que significaba repetir curso. Tras mi épica bronca y la falta de respuesta por su parte, decidí que el asunto me superaba por completo y opté por pedir ayuda. A la semana siguiente, estábamos ante un psicólogo y orientador laboral contándole lo que había sucedido. Primero habló con Juan, luego entré yo también. Estuve hablando un buen rato, con Juan a mi lado mirándome de reojo. Cuando terminé, el psicólogo me miró en silencio unos segundos y me dijo: «Y en esta situación, ¿cuál cree usted que es el problema?». «Que mi hijo suspenda», respondí al instante. «Los suspensos no son el problema, sino un síntoma del verdadero problema», afirmó. Y seguidamente, añadió: «No se trata de falta de interés, de atención ni de capacidad intelectual. Su miedo a que su hijo fracasara le ha llevado a presionarle tanto que le ha bloqueado a él también, porque lo que más teme su hijo es fallarle a usted». Y algo hizo clic.

7

El veneno de la ira

La ira destruye más a quien la emite que a
quien se dirige.

ANTHONY DE MELLO

«Últimamente estoy tan cabreada que no soporto
la compañía de los demás.»

Querido diario:

Fuego. Siento fuego en el pecho, como si una hoguera invisible se hubiera encendido en mi interior. Desde pequeña me han dicho que tengo mucho carácter, que en eso me parezco a mi madre. Soy de armas tomar. Y me da una rabia horrible no poder controlarme a veces. Pero cuando alguien hace algo que me parece injusto o dice algo que no es verdad, siento una dolorosa punzada en el pecho. Entonces me caliento, me acelero, como si estuviera en una montaña rusa de la que no puedo bajar. Como esta tarde; cuando mi madre me ha dicho que si le había cogido su chaqueta preferida, y le he contestado que sí. He ido a mi cuarto y se la he devuelto con un pequeño agujero. ¡Ups! Nada más verlo, mi madre se ha puesto como una loca. Que si es una falta de respeto, que si nunca cuido las cosas, que si no me preocupo por nada... Y he saltado. Entonces ha comenzado un festival de insultos, portazos y amenazas, y me han invadido las ganas de salir corriendo y no volver a casa nunca más. Yo me he pasado un huevo, pero mi madre no se ha quedado atrás. «Me decepciona tu falta de respeto» y «Estás más que castigada» han sido las cosas más suaves que me ha dicho. «Desagradecida, irresponsable, egoísta...» Se ha quedado bastante a gusto. Y aunque ahora estoy en mi habitación haciendo ver que no me afecta lo que me ha dicho, la verdad es que me siento como una mierda. Ya lo leí en algún sitio: «La ira es un veneno lento pero mortal. Como un cuchillo de doble filo; cuando lo utilizas, terminas sangrando tú también». Vaya mierda. No quiero volver a sentirme así. Si lo llego a saber, no me acerco a la chaqueta... Total, me la había puesto para que Pablo la viera, y ni siquiera ha venido hoy a clase. Todo esto para nada...

La ira quema como el fuego. Consume y arrasa todo lo que está a su alcance. Corrosiva como el ácido, destruye nuestras relaciones y aniquila nuestra capacidad de razonar. En su versión más extrema se transforma en violencia y agresividad. Sin embargo, es una de las emociones básicas del ser humano y cumple una función útil para nuestra supervivencia. Es una manifestación de nuestro instinto de conservación, tanto físico como psicológico. Y para aprender a canalizar la fuerza que nos proporciona hacia fines más constructivos y menos dañinos, especialmente en lo que respecta a nuestros hijos, necesitamos comprender cómo funciona.

Como cualquier otra emoción, la ira es una fuente de información. Y si escuchamos atentamente, observaremos que se desencadena como una reacción de defensa ante un estímulo que escapa a nuestro control y que creemos que podría ser una fuente de peligro o de dolor. Esta respuesta biológica nos permite luchar cuando somos atacados y puede resultar muy útil en situaciones en las que nuestra integridad física se ve amenazada. Lamentablemente, este mecanismo se dispara con la misma intensidad en nuestra vida emocional, dificultando en gran medida nuestras relaciones y dejándonos un poso de malestar e insatisfacción.

Hija de la frustración y del miedo, la ira nos suele invadir cuando la realidad no se adapta a nuestras expectativas, a lo que creemos que debería de ser. Y toma el control de nuestra vida cuando no somos capaces de gestionar constructivamente una determinada situación, información o acción. De este modo, en nuestro día a día nos enfadamos cuando nos critican, cuando nos faltan al respeto, cuando consideramos injusto un acontecimiento concreto e incluso en un simple atasco de tráfico. «¿Cómo es posible que me haya dicho eso? ¡Estoy harto!» O bien: «¡Desgraciado! ¡A ver si miras por dónde vas!».

Así, se suceden en nuestra vida las palabras acaloradas y los enfrentamientos encarnizados, dosis de adrenalina pura a ritmo de taquicardia. Pero esa necesidad de reafirmarnos e imponer nuestro criterio sin atender a razones tiene consecuencias. Y suele dejarnos una tremenda resaca emocional. Especialmente cuando nuestro ataque de ira se dirige a nuestros hijos. Si aspiramos a que ellos dejen de responder a los obstáculos que la vida les irá poniendo con enfado, gritos estériles y palabras afiladas, tenemos que empezar por aprender a gestionar nosotros esa emoción de manera menos destructiva. Sin embargo, no resulta fácil evitar sucumbir a este tipo de reacciones. A veces, nuestros hijos buscan probar sus límites y los nuestros, poniéndonos en situaciones complicadas. Pero la respuesta que demos en esas situaciones hablará más alto y calará más hondo que cualquier castigo o discurso que les apliquemos.

Pongamos por ejemplo una noche cualquiera en la que, tras un día complicado en el trabajo, el cansancio no juega a nuestro favor y nuestro estado de ánimo tampoco. Al llegar a casa, nuestro hijo adolescente, siempre respetuoso y obediente, no se digna salir de su habitación a saludar; es más, se hace el remolón cuando ha de poner la mesa para cenar y contesta de mala gana a las preguntas que le hacemos. Hacia el final de la cena, nos revela que ha suspendido el último examen de matemáticas y que ha perdido el móvil nuevo que le regalamos hace escasamente un mes, por su cumpleaños.

LA INUTILIDAD DE LA IRA

Además, nos lo suelta todo dando por hecho que le compraremos otro móvil dado que lo necesita, según él. En ese instante, perdemos de vista todo lo demás. La frustración, la sensación de falta de valoración y de respeto, todas esas emociones se unen en una bola de fuego que nos atrapa y estalla en forma de gritos y letanías, promesas de castigo eterno e intentos de hacer comprender a nuestro hijo sus errores. Descargamos muchas cosas en esa bronca. Y posiblemente recibimos a cambio respuestas poco agradables, incluidos insultos, amenazas, lágrimas y declaraciones incendiarias. Tras el inevitable portazo final, ¿cómo nos sentimos? ¿Aliviados o frustrados? Y aún más importante: ¿qué hemos ganado utilizando la ira como forma de comunicación?

Lo único que hace la ira es dar munición a nuestros hijos para repetir e imitar la misma manera de comunicarse. Y si eso sucede, no resulta fácil de digerir. Cuando nuestro hijo nos grita, nos trata de injustos, nos repite una y otra vez que no le entendemos, e incluso nos llega a insultar, nuestra reacción inicial es responder en el mismo tono. Pero tal como evidencia el ejemplo anterior, eso no nos ayudará a mejorar la situación ni a aliviar el malestar de nuestros hijos. Si aspiramos a liberarnos de esa reactividad impulsiva que demasiado a menudo nos aleja del padre o la madre que queremos ser, tenemos que empezar por cultivar el espacio que existe entre el estímulo —la bordería de turno de nuestro a veces exasperante retoño— y la respuesta que damos. Una buena forma de empezar es recordarnos que lo que nuestro hijo nos dice no es nada personal. Simplemente no lo sabe hacer mejor... sobre todo porque nadie le ha enseñado. No es más que una válvula de escape, una forma de expresar su exceso de emociones. Es evidente que lo que está haciendo no es constructivo. ¿Podemos conseguir que nuestra respuesta lo sea?

No cabe duda de que la furia desatada puede llegar a destruir aquello que tanto enfado nos genera, pero nos destruye a nosotros mismos en el proceso. Sin embargo, puede prevenirse, evitarse e incluso trascenderse. Y no se trata de reprimirla, pues terminará por reaparecer con otra de sus mil caras. La clave está en comprender que cada vez que permitimos que nos invada, estamos envenenándonos a nosotros mismos. En vez de canalizar nuestra ira en nuestros hijos, podemos darnos espacio para asumir que estamos enfadados. En ese proceso resulta fundamental dar cabida a esa emoción. Es importante permitirnos sentir, pero eso sí, siendo conscientes de que no somos la emoción, más que nada porque se trata de un estado pasajero. Y debemos preguntarnos: ¿qué ha provocado esta reacción en nuestro interior? ¿Qué ganamos dejando que la ira tome el control? Si logramos responder honestamente a estas preguntas, estaremos un paso más cerca de superar nuestra cólera y conquistar nuestra serenidad.

La ira nutre las guerras que se libran en el mundo, incluidas las que, en muchas ocasiones, mantenemos con nosotros mismos y, por ende, con nuestros hijos adolescentes bajo el techo de nuestro hogar. Y no podemos aspirar a la paz en este planeta si no nos comprometemos con liberarnos de la esclavitud y la ceguera a la que nuestra ira nos somete. En última instancia, prescindir de ella no significa renunciar a la firmeza, a la disciplina, a nuestros valores; esa decisión más bien los refuerza.

Llegados a este punto, vale la pena recordar que el espacio que creamos entre un estímulo y nuestra reacción o respuesta es lo que denominamos «consciencia». Requiere entrenamiento diario y supone asumir la responsabilidad de nuestras palabras y acciones, dejando de enfadarnos y de culpar o gritar a quienes nos rodean por todo lo que no nos gusta de nuestra vida. Adoptar esta actitud serena ante nuestras circunstancias nos permite superarnos a nosotros mismos. Además, nos brinda la oportunidad de canalizar la tremenda energía que el enfado genera para crear, en vez de para destruir. Ése es el gran reto que la ira nos propone, un reto que podemos compartir con nuestros hijos.

La ira deja señales

Se cuenta que un niño estaba siempre malhumorado y cada día se peleaba en el colegio con sus compañeros. Cuando se enfadaba, se abandonaba a la ira, y decía y hacía cosas que herían a los demás niños. Consciente de la situación, un día su padre le dio una bolsa de clavos y le propuso que cada vez que discutiera o se peleara con algún compañero, clavase un clavo en la puerta de su habitación.

El primer día clavó treinta y tres. Terminó agotado, y poco a poco fue descubriendo que le era más fácil controlar su ira que clavar clavos en aquella puerta. Cada vez que iba a enfadarse se acordaba de lo mucho que le costaría clavar otro clavo, y en el transcurso de las semanas siguientes, el número de clavos fue disminuyendo. Finalmente, llegó un día en que no entró en conflicto con ningún compañero. Había logrado apaciguar su actitud y su conducta. Muy contento por su hazaña, fue corriendo a decírselo a su padre, quien le sugirió que cada día que no se enojase desclavase uno de los clavos de la puerta.

Meses más tarde, el niño volvió corriendo a los brazos de su padre para decirle que ya había sacado todos los clavos. El padre lo llevó ante la puerta de la habitación. «Te felicito —le dijo—. Pero mira los agujeros que han quedado en la puerta. Cuando entras en conflicto con los demás y te dejas llevar por la ira, las palabras dejan cicatrices como éstas. Aunque en un primer momento no puedas verlas, las heridas verbales pueden ser tan dolorosas como las físicas. No lo olvides nunca: la ira deja señales en nuestro corazón.»

PADRES QUE HICIERON CLIC

Llevaba una mañana de locura en la oficina cuando recibí una llamada que me obligó a dejarlo todo y salir pitando hacia el colegio de mi hijo. Al parecer, se había metido en una pelea con un compañero. Joder, ¡lo que faltaba! Además, mi mujer no podía acudir porque estaba fuera de la ciudad por un asunto de trabajo. ¡Premio! En fin, que entré en el despacho que me habían indicado y me topé de frente con la tutora de mi hijo. Me estaba esperando junto al padre del compañero con el que mi hijo se había peleado, y con los dos peleones en cuestión. Me sentí bastante incómodo, la verdad. Sobre todo tras ver la mano vendada de mi hijo y su nariz hinchada. Claro que su oponente tampoco había salido indemne; tenía el labio hinchado y un ojo a la virulé. «¿Qué demonios ha pasado aquí?», pregunté a nadie en particular.

La tutora tomó el testigo y dijo que les habían interrumpido a media pelea y habían tenido que separarles con la ayuda de otros compañeros de clase. «Se trata de un comportamiento absolutamente intolerable, y requiere de una conversación muy seria y de una sanción a la altura de las circunstancias.» «Pero ¿por qué os habéis peleado?», insistí, esa vez mirándolos a los dos. Ninguno contestaba. «Se lo merecía por gilipollas —me soltó finalmente mi hijo—. El muy... sabía quién me gustaba, y le ha faltado tiempo para enrollarse con ella y restregármelo para joderme.»

Ahí saltó el padre del otro chaval: «Eso es decisión de la chica, pero no tenías derecho a reventarle el labio porque seas un crío inseguro». Entonces me empezó a hervir la sangre. Mi mala leche de serie sacó lo peor de mí, y no pude evitar saltar. «¿Qué quiere decir con eso? Está claro que su hijo buscaba pelea, igual que usted.» Para dar énfasis al tema, terminé con un sonoro puñetazo en la mesa, para remarcar mi argumento. Me quedé esperando respuesta, satisfecho con mi verborrea apasionada. Hasta que la tutora rompió el silencio: «No es extraño que su hijo intente resolver una disputa con violencia. Tiene un buen ejemplo en casa». Y algo hizo clic.

8

¿Para qué sirve el sufrimiento?

> El sufrimiento es la carcasa que nos separa de
> la comprensión.
>
> JALIL GIBRAN

«¡No puedo más de mí misma!»

Querido diario:

Hoy he logrado un nuevo récord. Creo que nunca me había terminado una caja entera de kleenex. Estoy hecha una mierda. Parecía que a Pablo le gustaba... Pero Eva, después de evitarme unos días, me ha soltado una bomba tremenda. Le vio enrollándose con otra en una fiesta el fin de semana. Se ve que estuvieron tonteando toda la noche. «Una rubia bastante mona», según ella, lo que en código amiga significa que era un pibón. Soy estúpida. ¿Cómo me he ilusionado tanto? Cuatro miraditas y unas cuantas conversaciones... Creía que podía haber algo diferente, algo de verdad. Me siento como si me hubieran dado una patada en el estómago. A ratos me cuesta hasta respirar. Claro que no ayuda haberme pasado un par de horas coreando las canciones de Maná a pleno pulmón... En fin. No sabía que me podía doler tanto, que podía llegar a sentirme así. Y lo peor es que no sé qué hacer para que se me pase. Me jode que me importe tanto... pero no lo puedo evitar. Todo esto que siento, esta especie de agujero negro que me atrapa, este sufrimiento... no va a hacer que Pablo mágicamente se dé cuenta de que está loquito por mí (puedo soñar, ¿no?), ni me va a ayudar a concentrarme en el final de bio de pasado mañana. Ojalá hubiera un botón para apagarlo, para hacer como si nada hubiera pasado, para dejar de rallarme con esto y no dedicarme a buscar a la petarda esa por Facebook, sólo para descubrir que es aún más guapa de lo que me imaginaba. Joder, ¡que parece que me guste pasarlo mal, regodearme en la mierda! Total, todo esto ¿para qué?

Angustia, tormento, desesperación... El sufrimiento nos convierte en prisioneros de una existencia desnuda y vacía. Cuando toma el control de nuestra mente, nada parece tener sentido. Como un tsunami emocional, arrasa con cualquier vestigio de alegría y bienestar, consumiéndonos. Nada parece tener sentido. Todos hemos padecido sus ataques en un momento u otro de nuestra vida. Posiblemente, varios hayan sido inspirados, directa o indirectamente, por nuestros hijos: sus actitudes, conductas, respuestas, lo que les puede pasar, lo que les pasa... A menudo intentamos evitarles cualquier sufrimiento, y sufrimos cuando no lo logramos. Especialmente cuando ellos están pasando por esa etapa de constante entretenimiento que es la adolescencia.

Paradójicamente, los grandes sabios afirman que el sufrimiento puede convertirse en un gran maestro, en una puerta abierta a la comprensión. No en vano, nos brinda la oportunidad de reflexionar sobre nuestra propia vida, pues nos conecta con nuestra vulnerabilidad. Si nos permitimos bucear en ese espacio interior crudo y honesto, donde reposan nuestras verdaderas inquietudes y necesidades, podremos redefinir nuestros límites, reubicarnos y reconstruirnos, saliendo fortalecidos de la experiencia. Así, aprender a transformar el sufrimiento en una fuente de aprendizaje nos permitirá tomar impulso de nuevo, creciendo ante las dificultades y superando obstáculos que creíamos insalvables.

El primer paso para lograrlo es tomar conciencia de la diferencia que existe entre el dolor y el sufrimiento. Mientras el dolor es una reacción física ineludible —por ejemplo, una fuerte migraña—, el sufrimiento surge como consecuencia de una interpretación negativa de ese mismo dolor. No podemos cambiar el dolor, pero sí podemos decidir dejar de castigarnos por ello. Así, mientras el dolor es inevitable, el sufrimiento es algo que depende de la actitud que adoptamos frente a nuestras circunstancias.

Hay varias maneras de gestionar el sufrimiento. Esconderlo debajo de la alfombra y ponernos una máscara, gritarlo a los cuatro vientos, convertirlo en una combinación explosiva de ansiedad y nervios, alejar a las personas de nuestro entorno o apegarnos en exceso a ellas... Cada persona siente de manera diferente y lo expresa de forma distinta. Pero ¿para qué sirve el sufrimiento? La experiencia nos revela que sufrir es inútil. Quejarnos, lamentarnos y victimizarnos no sirve de nada, pues no cambia nuestra realidad. Y es que la raíz del sufrimiento no está fuera, sino dentro de nosotros mismos: se encuentra en nuestro pensamiento. A menos que seamos dueños de nuestra mente, siendo capaces de gestionar constructivamente lo que pensamos, nos convertiremos en esclavos de nuestras circunstancias adversas.

Eso sí, hay momentos en los que la actitud positiva no es suficiente. La cura emocional no pasa por poner buena cara y repetir hasta la saciedad «Estoy bien», sino por darnos espacio para enfrentarnos a todo aquello que no queremos ver de nosotros mismos y, en ocasiones, también de nuestros hijos. Así, el sufrimiento puede convertirse en el revulsivo que nos obliga a replantearnos nuestra manera de hacer y vivir las cosas. Ese dolor psicológico es el resultado de todas aquellas creencias y reacciones que limitan nuestra comprensión, y tiene una clara función: derribar los muros de nuestra ignorancia, ampliando nuestro nivel de consciencia. Este proceso es una auténtica cura de honestidad y humildad. No en vano, liberarse del sufrimiento requiere coraje. Cuando encontramos cosas que no nos gustan en nuestra vida y en nuestro interior, no podemos seguir mirando hacia otro lado. Toca cambiar.

EL FIN DEL SUFRIMIENTO

Pongamos por ejemplo que nuestro hijo empieza a suspender a lo grande varias asignaturas. Pese a nuestros esfuerzos por corregir la situación, tal vez con ayuda de algún tutor o profesor particular de por medio, no logramos los resultados esperados. Tras los exámenes, se confirma lo inevitable. Parece que no queda otra alternativa que la de repetir curso. Para echar leña al fuego, la escuela nos invita a buscar otra opción que se ajuste más a las características de nuestro hijo. Vamos, que nos sugieren que pongamos pies en polvorosa antes de que «el elevado nivel exigido le cause un perjuicio de cara a la selectividad», afirman. Tras semanas de broncas y represalias por ambos lados, nos sentimos exhaustos. Sufrimos por la actitud de nuestro hijo y su falta de responsabilidad; por la necesidad de buscar otra escuela y de asumir todos los cambios que eso supone; por darnos cuenta de que no podemos obligar a nuestro hijo a tomar decisiones —como la de estudiar— por mucho que lo intentemos.

En el proceso, nos regodeamos en el tormento mental, que disfruta particularmente de robarnos horas de sueño. Nos pone en un bucle infinito todo aquello negativo que ha pasado, y nos desespera al hacernos ver que la solución no está en nuestras manos. Así, ¿qué podemos hacer para cambiar esa inercia? La respuesta no está en castigarnos a nosotros mismos ni a nuestros hijos. Pero en última instancia nuestro sufrimiento no condicionará en absoluto el desarrollo de las circunstancias que se desenvuelven a nuestro alrededor. Una buena manera de comenzar es cuestionar la oleada de pensamientos del tipo «¿Cómo voy a conseguir estar bien en mis actuales circunstancias?», o «¿Cómo voy a ser feliz con lo que me está haciendo padecer mi hijo, si él es de algún modo responsable de cómo me siento y, en última instancia, de mi felicidad?».

Regresemos al ejemplo. Los hechos son inmutables. Nuestro hijo va a repetir curso, y lo va a cursar en una escuela nueva. Sus acciones tienen su ración de inevitables consecuencias, no sólo para él (dejar atrás a sus amigos y todo lo que conoce) sino también para nosotros. Y si bien no podemos modificar esos hechos a base de voluntad y cabezonería, sí depende de nosotros cómo lidiar con ellos de la forma más efectiva posible. Para lograrlo, tenemos que aprender a soltar el sufrimiento. Dejar de sufrir no significa resignarse ante la causa de nuestro padecer, ni tampoco tapar nuestras emociones. No se trata de reprimir las lágrimas ni de negar la evidencia. Tenemos que permitirnos el dolor. Pero no sirve de nada pagar el malestar derivado de todo esto con nuestro hijo.

Para ser capaces de dejar ir nuestro sufrimiento tenemos que asumir nuestra responsabilidad en la ecuación. Ayuda en este proceso hacernos preguntas como éstas: ¿de qué manera somos cocreadores y corresponsables de lo sucedido? ¿En qué nos hemos equivocado? ¿Qué vamos a hacer de manera diferente a partir de ahora? ¿Qué hemos aprendido de todo esto? Una vez hecho este ejercicio, llega el momento de lidiar con nuestro hijo. Más allá de broncas y castigos, resulta útil centrarnos en nuestro objetivo. Imaginemos que en este caso es ayudar a nuestro hijo a que aprenda a ser más responsable y autónomo. ¿Cuál es la mejor manera de lograrlo? Encerrarlo en casa sin salir no nos acerca demasiado a nuestra meta. Pero tal vez ponerle frente a las consecuencias reales de sus actos, como la necesidad de buscar una escuela nueva, sea una buena manera de conseguirlo. Encargarle esa tarea —enmarcada en los criterios que consideremos necesarios— supone un voto de confianza que habla más alto que cualquier castigo.

Hacerle las mismas preguntas que nos hemos hecho nosotros también ayuda, sin dejar de recordarle que cada vez se acerca más el momento en el que tendrá que valerse por sí mismo, y que aunque estamos ahí para ayudarle eso no será siempre así. Posiblemente no logremos que el mensaje cale a la primera, pero nuestra manera de manejar la situación —desde la proactividad y la serenidad— marcará la diferencia a largo plazo. Todo se reduce a ser tan firmes como constantes con esta actitud. Si él ve y siente que nos enfrentamos a la situación desde un lugar que va más allá del enfado y la frustración, tal vez cuando le toque lidiar por sí solo alguna circunstancia similar tendrá recursos suficientes para no caer en la trampa del sufrimiento. En última instancia, le estamos dando las herramientas necesarias para gestionar la adversidad de la manera más eficiente posible.

Aunque la mayoría de los seres humanos pasamos por la vida huyendo del sufrimiento, se trata de una gran oportunidad para hacernos más fuertes, comprensivos y sabios. De ahí la importancia de atrevernos a hacerle frente. Y sea cual sea la causa que lo desencadene, no desaparecerá hasta que la comprendamos y la integremos en nuestra forma de ver la vida. El sufrimiento nos ayuda a superarnos a nosotros mismos, a eliminar nuestras resistencias, y cuando comprendemos el mensaje que nos quiere transmitir, se desvanece. Al fin y al cabo, esta perversa trampa de la mente nos lleva a saturarnos de malestar. Y al llegar a nuestro límite, el cambio se convierte en algo necesario e inevitable. Dejar de sufrir pasa por conocernos a nosotros mismos y aprender a ser protagonistas de nuestra vida, en vez de víctimas de nuestros pensamientos.

El capullo y la mariposa

Un eminente científico paseaba por el campo, aburrido, sin nada que hacer. De pronto encontró un capullo de mariposa posado sobre la rama de un árbol. Al acercarse, el hombre se dio cuenta de que la mariposa estaba luchando para poder salir a través de un diminuto orificio. Tras un buen rato observando la crisálida y viendo que el insecto no conseguía abrirse paso hacia el exterior, el científico decidió ayudarlo a solucionar dicho problema.

Seguidamente cogió el capullo con delicadeza y lo llevó a su casa. El hombre estaba realmente excitado. Jamás había visto nacer a una mariposa. ¡Y mucho menos habiendo sido él quien lo posibilitara! Al poner la crisálida bajo la lente de su microscopio, pudo corroborar su primera impresión: el cuerpo del insecto era demasiado grande y el agujero demasiado pequeño. Además, era evidente que algo andaba mal, pues la mariposa estaba sufriendo. Preocupado por el insecto, el eminente científico fue a buscar unas tijeras. Y tras hacer un corte lateral en la crisálida, la mariposa pudo salir sin necesidad de hacer ningún esfuerzo más.

Satisfecho de sí mismo, el hombre se quedó mirando la mariposa, que tenía el cuerpo hinchado y las alas pequeñas, débiles y arrugadas. Le acababa de salvar la vida. O al menos eso creía. Seguidamente el científico comenzó a acariciar al insecto, esperando que en cualquier momento el cuerpo de la mariposa se contrajera y desinflara, viendo a su vez crecer y desplegar sus alas. Estaba ansioso por verla volar. Sin embargo, debido a su ignorancia —disfrazada de bondad—, aquel eminente científico impidió que la restricción de la abertura del capullo cumpliera con su función natural: incentivar la lucha y el esfuerzo de la mariposa, de manera que los fluidos de su cuerpo nutrieran sus alas para fortalecerlas lo suficiente antes de salir al mundo y comenzar a volar. Sus buenas intenciones provocaron que aquella mariposa muriera antes de convertirse en lo que estaba destinada a ser.

PADRES QUE HICIERON CLIC

Mi hija Ana, la mayor, estaba pasando una época respondona y, como consecuencia, se quedaba castigada a menudo sin salir por la noche los fines de semana. Un viernes, tras una discusión particularmente agria —al parecer Ana tenía una fiesta y era súper-mega-maxi importante que asistiera— me acosté pronto. No sé por qué, al cabo de un par de horas me desvelé y me levanté a beber un vaso de agua. Me había quedado un poco hecha polvo después de las duras palabras que intercambié con ella, así que me asomé de puntillas a su habitación para verla dormir y darle un beso de buenas noches. Pero al entrar, se me resbaló el vaso al descubrir su cama vacía, sin deshacer. «Pero ¿dónde demonios...? ¡La fiesta!», pensé.

En un primer momento me invadieron la rabia y la impotencia. «Ha cruzado la línea, ¡me ha tomado por el pito del sereno! Engaños y mentiras, eso es lo que puedo esperar de ella. ¡Qué irresponsable! De ésta se queda castigada hasta final de curso...» Mientras esos pensamientos inundaban mi mente, fui directa al teléfono para llamarla y cantarle las cuarenta. Estaba desconectado. Ahí el asunto empezó a darme mala espina. Ana nunca tenía el móvil desconectado, y menos si estaba por ahí de fiesta con sus amigas. Total, que busqué el teléfono que tengo anotado de Laura, su mejor amiga, y la llamé. A los dos tonos, descolgó, y cuando le pedí que me pasara a Ana me contestó que no estaba con ella. «¿Cómo que no está contigo?», exclamé. «Me dijo que intentaría venir, pero no ha aparecido al final», me contestó Laura. Era tarde y no tenía ni idea de dónde estaba mi hija. «¿Y si le ha pasado algo? ¿Dónde narices puede estar?», empezó a martillear la vocecita en mi cabeza.

Mi naturaleza sufridora tomó el control y de ahí empecé un maratón de llamadas a amigos y conocidos. Cuando estaba a punto de desesperarme y empezar a llamar a los hospitales más cercanos, con las lágrimas a punto de desbordarse y los más terroríficos escenarios bailando bajo mis ojos, oí un ruido a mis espaldas. No me lo podía creer. Ana. Frotándose los ojos y bostezando. No sabía si echarme a reír o a llorar, si abrazarla o ponerme a gritar. «Mamá, ¿qué haces hablando por teléfono a estas horas?», me preguntó. «Buscarte como una loca, ¿dónde demonios estabas?», le respondí. «Estaba durmiendo en el cuarto de Clara. Le he contado un cuento y me debo de haber quedado frita.» Estaba tan convencida de que Ana se había escapado de casa que ni siquiera se me había ocurrido mirar en el cuarto de su hermana pequeña. Acababa de pasar las peores dos horas de mi vida, y la única responsable era yo. Y en ese momento, algo hizo clic.

TERCERA PARTE

¿Tener hijos o ser padres?

9

El reflejo en el espejo

La madurez consiste en aceptar y amar a tus hijos tal como son, sin esperar que ellos te acepten y te amen tal como eres.

SÓCRATES

«Aunque me fastidie reconocerlo, me parezco un huevo a mis padres.»

Querido diario:

Hoy ha sido un día curioso. Mi madre me ha pillado posbajón al volver de clase por el tema de Pablo (que no me ha quitado ojo en toda la hora de química) y le he contado lo que me pasaba. Y por primera vez en mucho tiempo, me he sentido bien hablando con ella. En un día cualquiera, sólo al entrar en mi habitación se habría puesto de los nervios. Está desordenada incluso para mí, pero no tenía ganas de nada, y menos de recoger las montañas de ropa y trastos esparcidas por todas partes. Pero no me ha dicho nada. Sólo me ha preguntado cómo estaba. Y no sé si ha sido el hecho de que no me haya echado bronca o su manera de mirarme, pero se lo he soltado todo. Yo creo que la he dejado flipando. Me he quedado alucinando yo también. Me ha dicho que mi historia con Pablo se parece mucho a algo que vivió cuando tenía mi edad. Que las dos somos personas intensas, y eso nos hace disfrutar más de la vida pero también sufrirla más. Nunca lo había pensado con esas palabras exactas, pero me parece que es verdad. Lo que en estos momentos resulta una auténtica mierda... Lo cierto es que me cuesta imaginarme a mis padres con mi edad. Aunque suene fatal, a veces se me olvida que son personas y no sólo padres. Si intento imaginarme a mi padre con la cara llena de granos, me entra la risa tonta. O a mi madre coladita por un compañero de clase. Y aún me cuesta más pensar que me parezco a ellos. Intensa como mi madre y con el genio de mi padre. ¡Combo ganador! Así he salido...

El espejo nos devuelve la mirada cada mañana. Nos avisa cuando llevamos el pelo revuelto, tenemos ojeras o necesitamos afeitarnos. Nos da información, sólo tenemos que levantar la mirada. Lo mismo sucede con nuestros hijos. Reflejan de forma fiel nuestras propias miserias y grandezas. Y cuando entran en la adolescencia, ese reflejo se define y se afina, como si estuviera bajo el efecto de una lupa. Pero a menudo, en vez de fijarnos en las similitudes, nos centramos en todo lo demás. Rechazamos reconocer conductas, reacciones y actitudes que no nos gustan de nosotros mismos, y tratamos de disimularlas o de corregirlas con todos los medios a nuestro alcance. Paradójicamente, lo que más nos molesta e incomoda es precisamente aquello que no hemos resuelto de nosotros mismos.

En ese proceso, nos frustramos y generamos conflicto. Pero sobre todo nos olvidamos de lo más importante: captar la información que nos está poniendo la vida enfrente de nuestras narices. Al igual que el espejo nos avisa por la mañana si algo está fuera de lugar, la imagen de nosotros mismos que nuestros hijos nos devuelven nos advierte de todas aquellas cosas que no hemos resuelto y están en lo más hondo de nuestro armario emocional. Y lo cierto es que cuanto más inconscientes somos de nuestro lado oscuro o sombrío, más lo proyectamos sin darnos cuenta sobre nuestros hijos.

De ahí la importancia de trabajar nuestra capacidad de autoobservación; también debemos ajustar nuestra forma de mirar. Por lo general, solemos ver a nuestros hijos como eternos discípulos, pues se lo enseñamos prácticamente todo. Pero si nos damos la oportunidad, podemos aprender muchas cosas de ellos, incluso acerca de nosotros mismos. Si dejamos de ver constantemente a nuestros hijos como aprendices y les otorgamos el título de maestros, seremos más conscientes de qué necesitamos ordenar en ese cajón de sastre que a veces es nuestro armario emocional. Cuando hablamos de maestros nos referimos a personas que tienen la capacidad de provocar que nos alteremos y reaccionemos, sacándonos de nuestras casillas. Llegados a este punto vale la pena recordar que la realidad no es lo que nos pasa, sino que es la interpretación que hacemos de lo que nos pasa. En última instancia, somos nosotros quienes, ante cualquier situación, escogemos aferrarnos a aquello que nos genera sufrimiento.

Pero ¿cómo romper con el hábito instaurado durante

tantos años? El primer paso es detectar, a través de la observación, qué es específicamente lo que nos perturba, molesta o altera de nuestro hijo. ¿Que sea desordenado? ¿Quizás demasiado introvertido? ¿Que nos mienta? Una vez detectada la perturbación, es el momento de formularla desde la responsabilidad. El ejercicio sería pasar de la afirmación «Mi hijo es un desordenado que no cuida las cosas» a «A mí me perturba que mi hijo no sea tan ordenado como yo» o «Me cuesta aceptar que mi hijo no sea como a mí me gustaría».

El segundo paso es preguntarnos: ¿por qué es un maestro para mí? y ¿qué puedo aprender acerca de mí mismo al interactuar con lo que me molesta de mi hijo? No se trata de estar de acuerdo con él, y tampoco significa que nos tenga que gustar lo que hace y lo que dice. Cuestionarnos a nosotros mismos sobre aquellas conductas o actitudes de nuestros retoños que más despiertan a nuestro monstruo interior nos ayuda a conocernos un poco más a nosotros mismos, nuestras propias carencias, rigideces y áreas de mejora. Es un ejercicio tan doloroso como útil para nuestro propio desarrollo como personas. Pero eso no supone que nos tengamos que resignar, que debamos mirar hacia otro lado o ser indiferentes con respecto a aquello que no nos agrada o nos cuesta aceptar de nuestros hijos.

El aprendizaje consiste, más bien, en lograr comprender por qué nuestro hijo se comporta de la manera que se comporta, empatizando con él lo máximo posible, para que al interactuar con él podamos aceptarlo sin perturbarnos a nosotros mismos. Y eso sólo lo lograremos cuando descubramos la limitación interior que nos impide mirarle con otros ojos y relacionarnos con él de forma emocionalmente constructiva. Sólo así podremos dar lo mejor de nosotros mismos como padres a la hora de acompañarlo en su propio proceso de crecimiento.

De la reactividad a la responsabilidad

Pongamos un ejemplo práctico clásico. Viernes por la noche, y da la casualidad de que además es Halloween. Nuestra hija adolescente ha ido a una fiesta de disfraces y, como no podría ser de otra manera, llega tarde... muy tarde. No contesta al móvil y nos empezamos a poner nerviosos. No podemos dormir. Y empezamos a enfadarnos... mucho. Al cabo de media hora, estamos ansiosos, preocupados y casi homicidas. Cuando oímos la llave en la puerta, nos levantamos de un salto. En cuanto entra, lo vemos todo rojo y le saltamos encima a grito pelado. El asunto, como no podría ser de otro modo, termina como el rosario de la aurora, lágrimas mediante.

Pero rebobinemos por un momento. Si en el instante en el que nos asalta el primer pensamiento perturbador —tal vez «Ya vuelve a saltarse el horario»— lo detectamos y lo reformulamos o lo cuestionamos, podemos cambiar el desarrollo de los acontecimientos. En este caso, sería algo parecido a «Me perturba que mi hija no obedezca los límites que establezco» o incluso «Me cuesta aceptar que mi hija se está haciendo mayor y cada vez necesita más libertad». Es importante también que nos recordemos los hechos, en lugar de dejar que nuestra mente entre en su círculo vicioso. Nuestra hija ha ido a una fiesta de disfraces con una amiga. Tiene dinero para un taxi y está rodeada de personas que conoce. Y no coge el móvil porque posiblemente no lo oye con la música a todo volumen.

Una vez hecho este ejercicio, que nos da un mínimo espacio de tranquilidad, viene la parte más difícil: preguntarnos qué es lo que verdaderamente nos molesta de la conducta de nuestra hija, y de qué manera refleja algo de nosotros. Todo ese enfado, esa frustración... ¿qué relación tienen con las heridas no sanadas de nuestro adolescente interior? ¿Y qué dicen de nosotros mismos? Si lo que nos perturba de la situación es nuestra falta de control sobre la misma, posiblemente la raíz de nuestro malestar sea el miedo y la desconfianza. Y, tal vez, el hecho de que no confiemos en nuestra hija esté relacionado con el hecho de que, de un modo u otro, no confiamos en nosotros mismos. O no confiamos en ser competentes, en hacerlo bien como padres, en lograr dar lo mejor de nosotros mismos. ¡Quién sabe!, quizás nuestros padres tampoco confiaron en nosotros en su día.

Una vez identificamos el reflejo en el espejo, depende de nosotros adentrarnos más a fondo y tratar de sanar esa herida emocional. Pero si pagamos el miedo y la desconfianza propios con nuestra hija, no lograremos nada más que alimentar el conflicto. Eso no significa que no le otorguemos su ración de consecuencias —no salir al día siguiente, realizar alguna tarea extra—, pero no tenemos por qué incluir nuestro propio malestar en la ecuación. Y no es necesario montar un numerito para decirle lo que le tenemos que decir. Los gritos no alivian el problema ni son parte de la solución. Con un «Me alegro de que estés bien, hablamos mañana» es suficiente. La capacidad de actuar con serenidad y dar la mejor respuesta posible aparece cuando nos permitimos tomar perspectiva. Nos ayuda a romper el patrón con el que hemos funcionado hasta ese momento, y eso puede ser muy beneficioso, sobre todo si lo que buscamos es cambiar los resultados de malestar que estábamos obteniendo y aspiramos a ayudar a nuestro reflejo a convertirse en la mejor versión de sí mismo.

Este proceso requiere de grandes dosis de humildad y de toneladas de paciencia. No en vano, nuestros hijos son grandes maestros. Llegados a este punto, cabe apuntar que lo mejor que podemos hacer por ellos es ser felices con nosotros mismos. Para ello, tenemos que aprender a aceptarnos tal como somos, pues sólo así podremos aceptarles tal como son. De este modo tal vez un día nos miremos en el espejo de sus ojos... y éstos nos devuelvan un reflejo que nos llene de alegría y satisfacción.

¿Cómo cambiar el mundo?

Un científico vivía preocupado por los problemas del mundo y, con el deseo de transformarlo, llevaba años investigando acerca de cómo cambiar el sistema educativo. Se pasaba los días encerrado en su laboratorio en busca de respuestas y soluciones, pero no encontraba la fórmula que andaba buscando. Cierto día, su hija de 7 años invadió su santuario decidida a ayudarlo a trabajar. «Papá, ¿qué haces?», le dijo la pequeña. Y el científico, molesto por la interrupción, le contestó: «Cosas de mayores, hija. Anda, vete a jugar a otro sitio». Pero ante la insistencia de la niña, el científico decidió darle algo con lo que distraer su atención y poder así seguir con su importante investigación.

Ojeando una de las revistas que tenía sobre su escritorio, vio que en una página aparecía un mapa del mundo. Seguidamente tomó unas tijeras y recortó aquella ilustración en decenas de pedazos, a modo de puzle. A su vez, cogió un rollo de cinta adhesiva y se lo entregó también a la niña. «Mira, hija, como sé que a ti te gustan los rompecabezas, aquí tienes el mundo todo roto. El juego consiste en que tú solita lo recompongas y lo arregles de nuevo.»

El científico calculó que, siendo una niña de 7 años, por lo menos tardaría un par de días en conseguirlo. Sin embargo, sólo unas horas después, oyó la voz de su hija que le llamaba entusiasmada: «¡Papá, papá, ya lo he hecho! ¡He conseguido completar el puzle!». El científico levantó los ojos de sus anotaciones y, completamente estupefacto, comprobó que todos los pedazos habían sido colocados en su sitio exacto. La página de aquella revista mostraba nuevamente la imagen del mundo. Desconcertado, seguía sin comprender cómo su hija lo había recompuesto tan rápido.

«Tú no sabías cómo era el mundo, ¿verdad?», le preguntó. «No, nunca antes lo había visto», respondió la pequeña. «Y entonces ¿cómo lo has conseguido?» Seguidamente, la niña le contestó: «Papá, yo no sabía cómo era el mundo, pero cuando arrancaste el papel de la revista para recortarlo en varios pedazos, me fijé que en el otro lado de la hoja aparecía la figura de un hombre... Y cuando me dijiste que arreglara el mundo, lo intenté, pero no supe cómo hacerlo. Entonces me acordé de la imagen que había al otro lado, di la vuelta a los pedazos de papel y empecé a arreglar al hombre, que sí sabía cómo era. Y una vez conseguí arreglar el hombre, di la vuelta a la hoja y encontré que había arreglado el mundo».

PADRES QUE HICIERON CLIC

Mi hija María siempre ha sido una niña muy libre. Si tuviera que definirla escogiendo dos palabras serían «impulsiva» y «espontánea», lo que significa que no piensa demasiado las cosas antes de hacerlas. No puedo evitar perdonárselo todo porque no existe en ella ni un gramo de malicia, pero eso no significa que su falta de prudencia no me preocupe. Hace un par de meses apareció en casa con una minifalda tan minúscula que por un momento la confundí con un cinturón. No es broma. «Es la moda, mamá, todas las chicas la llevan así», me soltó. Le dije que ni hablar, que ni borracha la dejaría salir con esa faldita a la calle. Se puso como una fiera, y aunque al final conseguí que se cambiara de ropa, desde entonces su vestuario se hizo cada vez más escueto. Una tarde me acompañó a comprar comida para la cena, y cosechamos varios bocinazos, un par de silbidos y un sonoro «Estás como un queso» pronunciado por un par de jovencitos que pasaban en bicicleta. Y mi hija, sin inmutarse, como si todo aquello no fuera con ella.

Yo no sabía cómo hacérselo entender. «María, si vistes de

una determinada manera, la gente va a dejar de verte a ti y sólo se fijará en lo que dice tu ropa.» «Mamá, a mí me gusta vestir así, y me gusta que a la gente le guste. Si el otro día me hubiera vestido como una monja, te aseguro que Carlos no me habría invitado a salir», me dijo. Me quedé alucinando. «¿Y te ha invitado a salir por cómo vistes o por cómo eres? —le contesté. Y añadí—: Los rumores y las apariencias engañan, María, pero también te pueden hacer mucho daño.» «Es mi vida y ya soy mayorcita», me soltó. Vamos, que no se daba cuenta de lo que una mala reputación, aunque sea falsa, puede afectar a tu vida. Ahí me planté, y al día siguiente empecé a controlar más lo que se ponía. Fue una batalla campal. María puede ser muy explosiva, y no entendía mi postura. Un domingo, tras un par de semanas de guerra en el armario, fuimos a comer a casa de mi madre.

«¡Abuela!», gritó María mientras salía del coche, aún con los auriculares puestos y la música a tope. «¡Qué guapa estás, María!», contestó mi madre. «Pues no sabes la brasa que me ha dado mamá para dejarme salir de casa con esta camiseta; últimamente está insoportable», le dijo. Como de costumbre, mi hija hizo gala de su falta de filtro entre lo que piensa y lo que dice. «Pues tendrías que haberla visto a ella a tu edad», comentó mi madre. Y de repente me empezaron a asaltar recuerdos incómodos que había olvidado por completo... Tuve una época en el instituto en la que lo pasé bastante mal. Salía con un compañero de clase, pero me colé por otro y empecé a quedar con él. El primero empezó a decir mentiras sobre mí, y algunos imbéciles me colgaron la etiqueta de «facilona». No era cierto, pero me hizo mucho daño. Seguramente no era a lo que mi madre se refería, pero es lo primero que me vino a la mente. Ahí me di cuenta. Tenía miedo de que a mi hija le pasara lo que me pasó a mí. La ropa no tenía nada que ver. Y algo hizo clic.

10

El regalo del perdón

> Todo el mundo lo hace lo mejor que puede;
> no existe la maldad, sino la ignorancia.
>
> MARTIN LUTHER KING

«A veces, cuando menos te lo esperas, descubres
que la vida es maravillosa.»

Querido diario:

Estoy flipando. ¡Flipando! Acaba de pasar algo surrealista.
Pablo ha venido a hablar conmigo después de clase. Y lo
primero que me suelta es: «La he cagado». Yo me lo he quedado mirando con cara de alucinada y le he respondido:
«¿De qué me estás hablando?». La verdad es que le ha costado contestar. Ponía una cara rara, y a mí me iba el corazón a
mil y me estaban sudando las manos como nunca. Cómo no,
en ese momento me ha agarrado la mano izquierda (me quería morir, ¡trágame tierra!) y me ha dicho: «Lo de la rubia
de la fiesta». Ahí yo me he quedado muda por un momento.
Y entonces me ha salido toda la mala leche reconcentrada,
los paquetes de kleenex terminados, el dolor. Y le he soltado:

«A mí no tienes que darme explicaciones de nada». Y me he quedado tan ancha. Creo que no se esperaba algo así. Joder, él sabe que me gusta, se me nota aunque no quiera. Y las pocas veces que hemos hablado parecía que había algo; no podían ser sólo imaginaciones mías. Incluso su amigo Javi le había dicho a Eva que yo «le encantaba». Total, que me dice: «Ya sé que no te tengo que dar explicaciones, pero me gustaría hacerlo». No se ha esperado a que le conteste, me ha dicho que la rubia le estuvo persiguiendo toda la noche y que cuando llegó a casa sólo podía pensar en mí. Me he quedado en blanco. Entonces me ha hecho una pregunta que me ha costado responder. «¿Me perdonas por haber sido un capullo?» Romántico hasta el final. Había una parte de mí, muy irracional, que no le quería perdonar. Me había hecho daño. Joder, lo pasé fatal, pero no tenía derecho a pedirle nada. Sabía lo que en realidad quería decirle, pero me ha costado un huevo, casi tanto como la vez que me pasé tres días sin hablar a mis padres después de una discusión tremenda. Pero en cuanto le he dicho «No hay nada que perdonar», me he sentido mucho mejor, como si la tensión de los últimos días hubiera desaparecido. Estaba casi flotando. Me ha dicho que me vendría a buscar hoy a casa... Y aún sigo con mariposas en el estómago. Me muero de ganas de que me bese...

A menudo se crean brechas casi infranqueables entre padres e hijos y las heridas son tan profundas que resultan muy difíciles de sanar; no en vano, las relaciones humanas están marcadas por el conflicto. Todos tenemos necesidades, expectativas y deseos, que inevitablemente chocan con los de las personas de nuestro entorno más cercano, especialmente con los de nuestros hijos adolescentes. Para bien o para mal, cada persona tiene una forma de ser, de pensar y de expresar sus sentimientos diferente. Y eso supone una fuente inagotable de malentendidos, que muchas veces se convierten en agrias disputas. Por lo general, cuando alguien nos hace algo que consideramos malo o injusto, nos sentimos heridos y nos enfadamos. Tras el estallido de ira inicial, solemos creer que el tiempo enfriará el agravio y terminará por disolverlo. Sin embargo, en muchas ocasiones el paso de los días tan sólo empeora las heridas y alimenta el rencor.

El resentimiento es un enemigo sutil, una forma de esclavitud que afecta directamente a nuestra calidad de vida. Este sentimiento nace cuando nos tomamos un comentario, una actitud o una acción como una ofensa personal. El dolor que nos genera una situación en la que nos vemos traicionados, humillados o rechazados queda grabado a fuego en nuestra psique, alimentando nuestro resentimiento hacia la persona que creemos que lo ha provocado.

Esa herida emocional supura infelicidad, ocupa nuestra mente y absorbe nuestra energía vital. A menudo, nos lleva a tratar de protegernos para no sentir dolor de nuevo, lo que repercute nocivamente en nuestras demás relaciones. Así, vamos arrastrando por la vida el peso de nuestros conflictos no resueltos. No obstante, está en nuestras manos prevenir esas situaciones, aprendiendo a distinguir entre la agresión y el agresor para descubrir el camino del perdón.

En muchas ocasiones, el perdón se utiliza como arma de doble filo. ¿Cuántas veces hemos oído «Yo perdono, pero no olvido»? Ese perdón puramente de cara a la galería nos mantiene anclados en el dolor de la ofensa, impidiéndonos avanzar. Si aspiramos a disolver el resentimiento que anida en nuestro corazón, necesitamos aprender a practicar un perdón sincero, profundo y auténtico. Y lograrlo pasa por ampliar nuestra capacidad de comprensión, de ahí la importancia de empatizar con la persona que ha causado la ofensa. Si conseguimos ponernos en el lugar del otro y entender cómo piensa, vive y siente, seremos capaces de dar un nuevo significado a las palabras o las acciones que tanto nos afectaron.

Lo cierto es que, ya sea de forma consciente o inconsciente, muchos de nosotros tenemos algo de resentimiento hacia nuestros padres. Tal vez porque creían que la disciplina y la obediencia forjarían nuestro carácter y actuaban en consecuencia. Quizás nos sentíamos sobreprotegidos, o al contrario, molestos porque no nos dedicaban la atención suficiente o no apoyaban nuestras decisiones o nuestra manera de hacer las cosas. En cualquier caso, acarreamos en nuestra mochila emocional un peso que muchas veces nos resistimos a soltar. Lamentablemente, nuestros hijos siguen con frecuencia el mismo camino; con el paso de los años, van cargando su propia mochila, especialmente cuando no les enseñamos a lidiar con ese peso de una forma más constructiva.

Pero si aspiramos a enseñar, primero tenemos que aprender. Y eso significa enfrentarnos a esa pesada mochila e inspeccionarla a fondo. ¿De qué nos sirve estar enfadados? ¿Qué nos aporta mantener ese peso en la espalda? Podemos pasarnos la vida guardando cierto resentimiento hacia nuestros padres, pero ¿acaso eso nos hará más felices? Lo cierto es que podemos escoger construir la vida que queremos o seguir responsabilizando a nuestros padres —y en ocasiones a nuestros hijos— de nuestras propias carencias y nuestro malestar.

Adiós al rencor

La auténtica comprensión, en lo que concierne a nuestros padres, radica en darnos cuenta de que todo lo que hicieron era porque consideraban de verdad que era lo mejor para nosotros desde su nivel de información, su educación y sus creencias. Pero cuando comprendemos que nuestros particulares agresores no actuaron de ese modo por hacer daño, sino a causa de su ignorancia o su inconsciencia, podemos dejar caer el peso de la ofensa. Y lo mismo puede aplicarse a nuestros hijos. Palabras hirientes, amenazas, peleas... a veces, inconscientemente nos agrede su falta de consciencia o de respeto, su certeza de que se lo debemos todo, su forma de vernos o de tratarnos. Y todo ello va añadiendo peso a nuestra mochila. Pero ¿para qué nos sirve ir tan cargados?

A menudo nos cuesta perdonar porque consideramos que es un regalo inmerecido que hacemos a quien nos ha agraviado. Solemos creer que perdonar a quien nos ha hecho algo malo es un acto de generosidad. Y a menudo, nuestro orgullo y nuestro ego se alían para que lo concedamos sólo a quien se ha disculpado previamente. Sin embargo, ¿quién sale ganando cuando perdonamos? La persona que nos ofendió se sentirá más o menos aliviada, pero nosotros nos liberaremos de una nociva carga emocional que muchas veces nos impide avanzar en nuestras relaciones. Perdonar supone abandonar el resentimiento y es, sin duda, el mejor regalo que podemos hacernos a nosotros mismos y también a nuestros hijos.

Si bien no hace falta decirlo en voz alta, cada vez que perdonamos se produce un clic en nuestra consciencia. El verdadero perdón tiene un efecto tan liberador como transformador. La raíz griega de la palabra significa «cambiar y alterar». Cuando perdonamos, nos liberamos del resentimiento acumulado y dejamos que nuestras heridas cicatricen. De ese modo liberamos una cuenta pendiente, una deuda emocional que se ha generado entre nosotros y nuestro ofensor. De ahí que perdonar sea una oportunidad de limpiar emocionalmente nuestro presente, aunque la ofensa que arrastramos haya afectado a nuestro pasado. En última instancia, perdonar significa darnos la oportunidad de avanzar y evolucionar. No implica que estemos de acuerdo con lo que pasó ni que lo aprobemos. Tampoco se trata de restar importancia a aquel hecho que marcó nuestra vida, ni de dar la razón a quien provocó la situación. Simplemente supone dejar de lado aquellos pensamientos negativos que nos causan dolor, tristeza o enfado y que nos limitan en nuestro día a día.

Lo cierto es que resulta mucho más fácil decirlo que hacerlo, especialmente cuando se trata de agravios enquistados, que nos han acompañado a lo largo de mucho tiempo. Una buena forma de comenzar es canalizando nuestro dolor a través de un escrito, tal vez una carta. No tenemos que mandarla; el solo hecho de redactarla puede servirnos como catalizador de emociones. Expliquemos a esa persona por qué nos hizo tanto daño aquella situación y las consecuencias que eso ha tenido en nuestra vida. Y terminemos la carta otorgándole el perdón; no sólo por ella, sino también por nosotros, porque no queremos seguir anclados en ese tormento, porque queremos recuperar nuestra libertad. Puede resultar un ejercicio muy transformador.

Perdonar es apostar por una salida constructiva a nuestros conflictos. Y el primer paso para lograrlo es aplicar esta premisa a la lucha que, en muchas ocasiones, mantenemos con nosotros mismos. Aprender a perdonarnos no es un camino fácil, pero supone el inicio del verdadero amor y de la auténtica libertad. Si aspiramos a poner paz en nuestro interior, es fundamental que aprendamos a aceptarnos tal como somos, y eso pasa por desprendernos de la imagen distorsionada que con los años hemos construido de nosotros mismos, permitiéndonos nuestra ración de limitaciones, defectos y errores. Sólo cuando somos capaces de ver, aceptar y perdonar lo más oscuro de nosotros mismos nos damos la posibilidad de reconectar con nuestra luz; es decir, con nuestros bienestar y equilibrio interiores. Desde ese lugar podremos empatizar con quienes nos agravian y dejaremos de vivir esas palabras hirientes como algo personal.

Al fin y al cabo, perdonarnos significa aceptar que no somos perfectos, que estamos en un camino de aprendizaje llamado vida y que el único error que existe es no aprender de los errores. Ese proceso pasa por cuestionar el condicionamiento que hemos recibido, que tiende a penalizar el error en sí mismo, asociándolo con el fracaso y la derrota. Eso nos lleva a negar u ocultar nuestras equivocaciones, lo que impide que las resolvamos. Así, vamos arrastrándolas a través del tiempo, lo que repercute muy negativamente en nuestra autoestima. Además, esa actitud afecta a nuestras interacciones con los demás, especialmente las de nuestro círculo más cercano. Y es que ¿cómo vamos a perdonar a otros lo que no somos capaces de perdonarnos a nosotros mismos?

Llegados a este punto, es esencial comprender que, como si se tratase de un músculo, el perdón requiere de entrenamiento. Y no hay mejor gimnasio que nuestra propia vida. Por más que nos cueste reconocerlo, los agravios del pasado condicionan nuestro presente y limitan nuestro futuro. Aferrarnos a nuestro orgullo y a nuestra versión de lo que pasó no nos acerca a ser la persona que queremos ser, ni al tipo de padres que queremos para nuestros hijos. De ahí la importancia de preguntarnos si estamos en paz con todas las personas que forman parte de nuestro entorno afectivo. Si no es así, vale la pena cuestionarnos: ¿qué nos impide perdonar?

Vaciar la mochila emocional

Cuenta una historia que dos jóvenes judíos llamados Karl y Joseph trabaron una intensa relación de amistad durante su terrible cautiverio en el campo de concentración nazi de Auschwitz, en Polonia. Ambos eran idealistas e inquietos, y amaban la vida por encima de todo. Tras tres años de encierro e incontables vejaciones, el destino quiso que vivieran para contarlo. Los horrores que habían vivido les marcaron profundamente, pero de maneras muy diferentes. Y eso se reflejó en cómo siguieron con sus vidas al regresar a la llamada «normalidad».

Tras dieciséis largos años, los dos amigos se reunieron de nuevo. Tenían muchas cosas que contarse, infinidad de anécdotas por compartir. Karl se había casado, tenía dos hijas y trabajaba como ingeniero en una empresa automovilística. Hablaba con ternura de su familia y con pasión de su trabajo. En sus ojos brillantes se reconocía al joven impetuoso que había entrado, aún inocente, en aquel campo de pesadilla. Joseph, por otra parte, había vivido prácticamente como un ermitaño los últimos dieciséis años. Apenas se relacionaba con nadie, excepto con la poca familia que le quedaba. Creía firmemente que el ser humano era un animal que no merecía ninguna confianza. Se dedicaba a escribir, pero no se animaba a publicar nada. Sus vecinos temían su temperamento huraño y su perenne malhumor, que él justificaba con su experiencia en cautiverio.

Tras disfrutar de una copiosa comida para resarcirse de las privaciones que años atrás habían compartido, Joseph no pudo evitar plantear a su amigo la pregunta que le carcomía. «¿Cómo puedes vivir tranquilo después de todo lo que nos pasó? ¿Acaso no recuerdas lo injustos que fueron con nosotros? ¿Has olvidado las humillaciones y privaciones que nos infligieron?», le espetó a Karl, con cierta violencia. La rabia supuraba en sus palabras. «Han pasado dieciséis años, pero cada día me acuerdo de aquellos guardias con mirada de hielo, y mi sed de venganza permanece intacta», continuó Joseph, con un tono peligrosamente oscuro, casi imperceptible en su voz. Tras una larga pausa, Karl le contestó: «Querido amigo, por supuesto que recuerdo los tres años que compartimos en aquel barracón inmundo. Sin embargo, me acabo de dar cuenta de que hace dieciséis años que soy libre, mientras que tú... sigues encerrado allí».

PADRES QUE HICIERON CLIC

Entré en la cocina recién levantado para hacerme un café cargado cuando mis ojos se quedaron clavados en la mesa. Mi portátil. El del trabajo, no el personal. El que les había dejado a mis hijos la noche anterior para hacer no sé qué vídeo para un cumpleaños. El que contenía la presentación en la que había trabajado día y noche durante toda la semana. Estaba frito. Tenía algún líquido esparcido sobre las teclas y la pantalla que parecía Coca-Cola. No me lo podía creer. Tenía que haber sido alguno de mis hijos, Lucas o Lucía. Aún estaban durmiendo. Les saqué de la cama a los dos a grito pelado y preguntándoles qué demonios había pasado con el ordenador. «¿Os dais cuenta de lo que habéis hecho? ¡Todo mi trabajo estaba en ese maldito aparato!», les dije. Lucía no se atrevía a mirarme a la cara, estaba a punto de llorar. Lucas solamente dijo: «Lo siento mucho, ayer estaba mirando unas cosas por internet y se me cayó el refresco que estaba bebiendo». Ante la confirmación de su falta de cuidado por las cosas y su tremenda irresponsabilidad, le cayó una buena bronca.

Y tampoco se libró del castigo. Dos meses sin salir. Cuando se lo dije, ni siquiera se quejó. Por mi parte, me tocó volver a empezar la presentación prácticamente desde cero, y el trabajo extra no ayudaba a mi estado de ánimo ni a mi buen humor al llegar a casa. No fueron unas semanas demasiado agradables. Me sentía decepcionado y muy cansado. Una noche durante la cena, Lucas me preguntó si le había perdonado ya. «Claro que sí, pero no puedo olvidar tu irresponsabilidad, y no sé si puedo confiar en ti o dejarte cosas importantes», le dije. No me contestó, pero sé que le dolió mi respuesta. «Parece que no me conozcas, papá», me dijo antes de irse a la cama. No di demasiada importancia al comentario hasta que encontré llorando a Lucía al ir a darle un beso de buenas noches. «No te enfades conmigo, papá», me dijo. «¿Qué te pasa, pequeña?» Mi hija me repondió: «Lucas no tiene la culpa de nada, fui yo la que tiré la Coca-Cola sin querer encima del ordenador». Me quedé de piedra. Mi hijo, el irresponsable —en mi mente—, se había comido mi frustración y mi castigo sin quejarse para proteger a su hermana pequeña. «No te preocupes, Lucía, no pasa nada —dije a mi hija—. La única persona con quien estoy enfadado es conmigo mismo.» Me levanté y entré en la habitación de Lucas. «Hijo, te debo una disculpa», empecé. «No te preocupes, papá», me contestó. «¿Me perdonas?», continué. «No hay nada que perdonar, papá. Te quiero mucho y sé que siempre lo haces lo mejor que puedes.» Sin resentimiento, sin acusaciones, sin peros, sin reservas. Y algo hizo clic.

11

El arte de inspirar

Sé tú el cambio que quieres ver en tus hijos.

MAHATMA GANDHI

«Hoy me he sentido muy orgullosa de ser hija
de mi padre.»

Querido diario:

Hoy me he sentido orgullosa de mi padre. Estábamos volviendo de clase en el coche y hemos visto que un coche ha chocado con una moto de frente. El motorista ha salido volando. Ha sido sólo un segundo, pero se me ha parado el corazón. No me podía mover. En menos de tres segundos, mi padre ha salido del coche con el móvil en la mano, ha llamado a emergencias y se ha acercado al motorista. Estaba tumbado en el suelo, pero se movía. Ahí he empezado a respirar de nuevo. He conseguido salir del coche y me he acercado a mi padre, que estaba en cuclillas diciendo al motorista que no se moviera, que enseguida llegaría la ambulancia. Le iba hablando, preguntándole su nombre y los de sus familiares, le ha cogido el móvil y ha llamado a su mujer. Estaba tan calmado, tan controlado... pero no duro ni frío como cuando me echa la bronca, sino cercano y fuerte. Al cabo de nada ha llegado la ambulancia y se han llevado al motorista, entre un grupo de curiosos que se habían acercado para cotillear... Me he quedado mirando la ambulancia esquivar los coches, y al volverme mi padre me ha cogido la mano y me la ha apretado. «¿Estás bien?» «Creo que sí», le he contestado. Hemos subido al coche sin decir nada más y nos hemos pasado un buen rato en silencio. Hasta que le he soltado: «Estoy flipando contigo, papá». Se ha puesto a reír. A carcajadas. Total, que nos ha entrado la risa tonta a los dos y, ya en casa, hemos acabado por los suelos. Hoy he visto a mi padre de una manera diferente. Me ha hecho sentir afortunada de que sea el mío. Cada día hace mil cosas que doy por sentadas, cosas que nos hacen la vida más fácil a todos, cosas que a veces dice que no valoro. Y es verdad. Pero también es verdad que a veces me gustaría ser más como mi padre.

La inspiración es difícil de encontrar. Como un hermoso animal salvaje en peligro de extinción, resulta tan escurridiza como extraordinariamente valiosa. Pero quien se encuentra con ella lo recuerda para siempre. Cada uno la define de manera diferente, lo que con los años ha llevado a que se cree su propia leyenda. Aun así, todas las versiones coinciden en un mismo punto: cuando la inspiración nos inunda, crea una chispa en nuestro interior. Esa chispa enciende un motor que nos impulsa a desarrollar todo nuestro potencial como seres humanos. A veces se esconde en los pequeños gestos, en la manera de mirar o de hablar; otras, en las grandes demostraciones públicas. El arte siempre es fuente de inspiración, pero no tanto como quienes fueron capaces de crearlo. Por lo general, las mayores fuentes de inspiración en nuestra vida son personas, seres humanos que encarnan aquello que es auténticamente importante para nosotros, que nos despiertan admiración y nos impulsan a convertirnos en la mejor versión de nosotros mismos.

Solemos llamar a esas personas «referentes». Para poder desarrollar nuestras capacidades, desde pequeños necesitamos disponer de ejemplos y modelos humanos, filosóficos y prácticos, que nos sirvan de referencia para construir nuestros valores, objetivos e ideales. Y lo queramos o no, como padres no podemos evitar desempeñar ese papel con nuestros hijos. Sin embargo, la rutina, el día a día, y nuestra crónica falta de tiempo provocan que pocas veces nos planteemos de qué manera les inspiramos ni tampoco si lo que hacemos, o cómo lo hacemos, puede ser motivo de inspiración. No solemos prestar demasiada atención al tremendo poder de influencia que tenemos sobre ellos. Y como afirma la historia de los superhéroes, «todo gran poder conlleva una gran responsabilidad». De ahí la importancia de cuestionarnos en qué consiste ser un referente, y darnos la oportunidad de descubrir qué tipo de inspiración queremos ofrecer a nuestros hijos.

Quizás un buen punto de partida sea fijarnos en nuestros propios referentes. Vienen en todos los tamaños y edades, y cada persona tiene los suyos. En última instancia, son un reflejo de los valores, aspiraciones y prioridades que nos guían a la hora de tomar decisiones para construir nuestra vida. Son una proyección de nosotros mismos, de cómo vivimos y de cómo queremos vivir. El escenario actual es una invitación a la búsqueda de respuestas y de nuevos modelos de pensamiento. Probablemente, un buen comienzo sería recuperar la esencia del mensaje de seres humanos verdaderamente inspiradores que revolucionaron el mundo con sus ideas y cuya existencia ha dejado una huella imborrable en las páginas de la historia. Posiblemente no todos tengamos la capacidad o la posibilidad de hacer un recorrido tan extraordinario, pero como seres humanos por lo general nos inspiran los actos de generosidad, de valentía, de autenticidad y de amor incondicional. Ése es un buen punto de partida para comenzar a practicar en nuestra propia casa. Posiblemente nos sorprendamos con los resultados.

El término «referente», del latín *referens*, suele utilizarse para nombrar a quien es un exponente o un símbolo en un ámbito determinado. Buen ejemplo de ello son los filósofos Sócrates y Séneca, los líderes Mahatma Gandhi y Martin Luther King y el psiquiatra Viktor Frankl, entre otros. La autenticidad de esos testimonios es capaz de conmovernos, porque el ejemplo de esos seres humanos nos recuerda la existencia de un ideal y la posibilidad de hacerlo realidad. Eso es lo que les distingue como verdaderos referentes. Si observamos sus vidas con detalle, encontramos un sinfín de similitudes. Todos ellos nos invitan a ir más allá de los dogmas y las creencias limitadores que conforman nuestro paradigma, es decir, nuestra manera de ver y comprender la realidad, para comenzar a experimentar por nosotros mismos. A fin de lograrlo, proponen que utilicemos la filosofía como herramienta para cuestionar y cuestionarnos, lo que nos lleva a desarrollar nuestro auténtico potencial. Y puesto que el mensaje perdura aunque el mensajero muera, años después siguen inspirando a miles de personas con su genialidad, su valor, su compromiso y su fortaleza. Dado el contexto actual, resultaría provechoso poner en práctica sus sugerencias. Todos ellos proponían cambios novedosos desde un planteamiento diferente. Su propia transformación, por otra parte, terminó por transformar sus vidas y las de las personas de su alrededor. No hay mayor inspiración que ésa.

El testimonio de Viktor Frankl

Lo cierto es que cuando nosotros cambiamos, todo cambia, incluida la relación que tenemos con nuestros hijos. Pero para lograrlo, tenemos que cambiar nuestra manera de pensar. La búsqueda de auténticos referentes nos acompaña en ese proceso, ayudándonos a desarrollar nuestro verdadero potencial y a trascender nuestras limitaciones.

Todos los seres humanos tenemos el potencial necesario para convertirnos en referentes. Buen ejemplo de ello es el catedrático de neurología y psiquiatría de la Universidad de Viena Viktor Frankl (1905-1997). En el año 1942, durante la invasión nazi liderada por Adolf Hitler, Frankl decidió quedarse en la capital austríaca para no dejar a sus ancianos padres, a pesar de que tenía la posibilidad de emigrar a Estados Unidos con su mujer. Pocas semanas después, fue deportado junto con el resto de su familia a un campo de concentración.

Tras meses de inenarrables vejaciones presenció la muerte de su padre, y también tuvo que renunciar a su único consuelo: una libreta que contenía su exhaustiva investigación profesional, que fue requisada y destruida por los soldados nazis. Dado que no tenía medios para seguir escribiendo su obra, Frankl decidió ponerla en práctica. Las extremas situaciones que estaba soportando le llevaron a ahondar en la condición humana y en su eterna búsqueda de sentido. Su brillante capacidad de observación y análisis le condujeron a una revolucionaria conclusión: los seres humanos son capaces de conquistar su propia felicidad mediante la conquista de la mente, es decir, de la actitud que toman frente a sus circunstancias. Él mismo puso en práctica esta premisa al enfrentarse a la soledad y las privaciones del campo de concentración, y sobrevivió.

Finalmente, Viktor Frankl fue liberado el 27 de abril de 1945 por el ejército norteamericano. Había perdido a sus padres, a su hermano y a su mujer, además de a incontables amigos y compañeros. Al regresar a Viena, escribió *El hombre en busca de sentido*. En esta obra autobiográfica, Frankl afirma que «al hombre se le puede arrebatar todo, salvo una cosa: la última de las libertades humanas —la elección de la actitud personal que debe adoptar frente al destino—, para decidir su propio camino». Y añade: «Es precisamente esta libertad interior y espiritual la que nadie nos puede arrebatar, la que confiere a la existencia una intención y un sentido».

De ahí brota la verdadera libertad: la capacidad de elegir quién queremos ser en cada momento, por adversas que resulten nuestras circunstancias. Para conseguirlo tan sólo necesitamos compromiso, coraje y entrenamiento. Y no debemos olvidar que los referentes que escogemos, las personas a las que admiramos y que nos inspiran... son un reflejo de quienes podemos llegar a ser.

Convertirnos en maestros en el arte de inspirar a nuestros hijos está en nuestras manos. Sólo tenemos que empezar a trabajar la paternidad consciente, que consiste en permitir que nuestros hijos se desarrollen y se conviertan en las personas que verdaderamente son. Eso pasa por atrevernos a ser quienes queremos ser, y a darles a ellos la libertad necesaria para que descubran por sí mismos su auténtica naturaleza.

¿Quieres que tus hijos sean más confiados? En tal caso empieza por vencer tus miedos. ¿Quieres que sean más proactivos? Pasa a la acción. ¿Quieres ver más estabilidad en tus hijos? Comienza por trabajar tu propio equilibrio. ¿Pretendes que sean más amorosos? Cultiva el amor en tu corazón y exprésalo siempre que tengas oportunidad. Dentro de cada uno de nuestros hijos hay un tesoro y, como padres, tenemos la responsabilidad de darles las herramientas necesarias para desenterrar la riqueza que hay en su interior. No podemos cambiar a nuestros hijos, pero podemos cambiarnos a nosotros mismos, y al hacerlo estaremos contribuyendo a que ellos inicien su propia transformación. Es, sin duda, el mejor legado que podemos dejarles.

La luz

Una soleada mañana de primavera, Paul paseaba con su buen amigo John por las calles de Nueva York. Ambos vivían en el mismo barrio y quedaban a menudo para desayunar antes de entrar en sus respectivos trabajos. John tenía por costumbre comprar el periódico siempre en el mismo quiosco, en la esquina de la calle Cuarenta y tres. Al pasar por allí, saludó amablemente al vendedor. El quiosquero, en cambio, respondió con un gruñido y apenas se dignó mirarle. John tomó cuidadosamente el diario que el vendedor le ofrecía de mala gana y deseó al hombre que pasara un buen día. Paul observó la escena sin intervenir, pero no pudo evitar pensar que el quiosquero carecía de modales. Arguyendo internamente que quizás tenía un mal día, lo dejó pasar. A la semana siguiente, volvió a quedar con John para almorzar. Tras una animada conversación, se encaminaron al quiosco de la calle Cuarenta y tres. John se dirigió con una sonrisa al quiosquero y le pidió el periódico. De nuevo, no obtuvo nada más que modales bruscos y desconsiderados. Esa vez le lanzó el periódico de mala manera a través del mostrador. John no se inmutó. Sonrió y, pausadamente, deseó al quiosquero que pasara un fantástico fin de semana. Al continuar su camino, Paul no se pudo resistir más y dijo a su amigo:

—Oye... ¿Ese hombre siempre te trata así?

—Sí, por desgracia —contestó John.

—Y tú ¿siempre te muestras con él tan educado y amable?

—Sí, así es.

—Y ¿me quieres explicar por qué tú eres tan amable con él cuando él es tan desagradable contigo?

—Es muy simple: yo no quiero que sea él quien decida cómo me he de comportar yo.

[Basado en un relato sobre una experiencia propia del columnista estadounidense Sidney Harris.]

PADRES QUE HICIERON CLIC

El humo siempre ha formado parte de mi vida. Probé mi primer cigarrillo cuando tenía 13 años y nunca lo he dejado. No es algo de lo que esté particularmente orgulloso, pero forma parte de mí. Mi mujer lleva años intentando convencerme de que lo deje, pero de momento no lo ha conseguido. Yo creo que es una batalla perdida. Ni siquiera lo dejé cuando a mi padre, también fumador empedernido, le diagnosticaron enfisema pulmonar. Supongo que la adicción y el hábito son a veces más fuertes que el sentido común. Hace unos años, mis hijos, Carlos y Marcos, incluso montaron una campaña por toda la casa con letreros de PROHIBIDO FUMAR. Me perseguían con pancartas por la casa y me llegaron a esconder los cigarrillos. Pero se les terminó pasando, y yo seguí con lo mío.

Así continuó todo hasta que la historia volvió para morderme en el trasero. Tras el endurecimiento de la ley antitabaco, me sentía un paria saliendo a la calle en invierno a echar un piti, y mi queja se convirtió en una acalorada discusión familiar. Yo había accedido a dejar de fumar dentro de casa dos años antes, después de que diagnosticaran asma a mi hijo pequeño. Así que la terraza se convirtió en mi nuevo dominio. Todo siguió como siempre durante un par de semanas, hasta que me llamó el padre de un amigo de Marcos, diciéndome que había pillado a su hijo fumando y que le había dicho que los cigarrillos se los había dado Marcos. No me lo podía creer. Con su activismo antitabaco y repartiendo la baraja a mis espaldas. Perfecto. Con 15 añitos recién cumplidos, ya empezaba a meterse en líos. Y lo peor de todo es que yo no tenía argumentos suficientes para decirle que no lo hiciera pues había empezado a fumar antes que él.

Cuando llegó a casa, Marcos me dijo que lo había probado y que le había dado tanto asco que le había dado el resto del paquete a un amigo. Me sentí increíblemente aliviado por no tener que lidiar con la situación más allá. Casi lo había olvidado cuando descubrí que me faltaba otro paquete. Fui a buscar a Marcos para pedirle explicaciones, pero al entrar en su habitación a quien encontré fue a Carlos, de 11 años, arrimado a la ventana y con un cigarrillo en la mano. En la otra tenía un inhalador para el asma. No dijo nada, sólo se me quedó mirando y me ofreció uno. Y algo hizo clic.

12

Decálogo de la paternidad consciente

> No condiciones a tu hijo para seguir el camino que deseas para él; acompáñalo para que descubra por sí mismo su propia senda.
>
> HERMANN HESSE

Dicen que los hijos vienen con un pan debajo del brazo, pero tal vez sería más útil que trajeran su propio manual de instrucciones.

De paso, tampoco nos vendría mal contar con un decálogo sobre la paternidad, una suerte de diez mandamientos que todo padre consciente se comprometiera a poner en práctica.

1. **Un padre consciente se conoce a sí mismo.** Encuentra la felicidad en su interior y no culpa de su sufrimiento a sus hijos.

2. **Un padre consciente se emancipa emocionalmente de sus padres.** A través de un proceso, los comprende, los perdona y los acepta, sintiéndose agradecido por lo

que recibió de ellos y pudiendo así evitar cometer los mismos errores con sus propios hijos.

3. **Un padre consciente ve a sus hijos como un potencial por desarrollar.** Detecta sus cualidades y talentos innatos, estimula su creatividad e intenta crear el entorno necesario para que puedan explorar, equivocarse y aprender.

4. **Un padre consciente no pierde los papeles delante de sus hijos.** No echa broncas por los resultados que éstos obtienen, sino que les escucha y les intenta comprender para detectar las causas que han provocado dichas equivocaciones. No cae en la sobreprotección ni en la indiferencia, sino que se compromete a conocer a sus hijos auténticamente.

5. **Un padre consciente no trata de imponer su punto de vista.** Por el contrario, ayuda a sus hijos a descubrir el suyo. Como un jardinero, riega y cuida las semillas para que se conviertan en las flores que habrán de ser. Tampoco les impone sus valores y sus creencias, lo que permite que ellos descubran su propia manera de relacionarse con la vida.

6. **Un padre consciente dedica tiempo a escuchar a sus hijos.** Sabe prestar atención de forma empática cuando sus hijos necesitan desahogarse; siempre está ahí para conversar y echar una mano. Pero también les ayuda a

cuestionarse, ayudándoles a asumir su propia responsabilidad.

7. **Un padre consciente no se toma las cosas que hacen sus hijos como algo personal.** Más bien aprende a gestionar lo que siente para no descargar su frustración y su malestar en sus hijos.

8. **Un padre consciente ama a sus hijos cuando menos lo merecen, porque es cuando más lo necesitan.** Permite que cometan errores y los ayuda a aprender de ellos. No cree en el castigo sino en el aprendizaje.

9. **Un padre consciente es un ejemplo para sus hijos.** En vez de querer cambiar a sus hijos para que éstos cumplan con sus expectativas, se compromete con ser el cambio que quiere ver en ellos.

10. **Un padre consciente da raíces a sus hijos, pero también alas.** Los educa para que piensen por sí mismos y para que sean emocionalmente autosuficientes, de manera que, cuando llegue el momento, puedan ser libres para seguir su propio camino en la vida.

¿Dónde están las monedas?

Cuenta una historia del psicólogo Joan Garriga que unos padres entregaron unas monedas a su hijo. No se sabe cuántas eran ni tampoco si estaban hechas de oro, de plata o de cobre. Y el joven, indignado, les gritó: «¡Éstas no son las monedas que me merezco! ¡Qué injusticia!». Seguidamente pegó un portazo y salió de casa de sus padres con el corazón inundado de dolor. Al verlo sufrir, los padres se hicieron pequeños, apenados por la reacción que su hijo había tenido.

Durante años, la lucha, el conflicto y el sufrimiento marcaron la vida de aquel joven. Sin monedas se le hacía muy difícil vivir. Por eso decidió ir a buscarlas a otra parte. Creyó que aparecerían al iniciar una relación de pareja. Poco después se casó, pero ni rastro de las monedas. Más tarde tuvo su primer hijo. «Seguro que las tiene él», pensó. Un par de años más tarde confirmó que no era así. Movido por su tozudez, tuvo un segundo hijo. Pero las monedas tampoco estaban ahí.

Casado y con dos hijos, en la superficie todo aparentaba estar bien. Sin embargo, aquel hombre no conseguía llenar su vacío. Su vida carecía de sentido. Y seguía sufriendo. Finalmente, a punto de cumplir 40 años, el protagonista de esta historia decidió ir en busca de un terapeuta. Tras realizar un profundo proceso de autoconocimiento, dio por concluida la terapia: cuando logró liberarse del dolor, por fin vio con claridad dónde estaban las monedas.

Con lágrimas en los ojos, volvió a casa de sus padres. Lo primero que hizo fue disculparse por la forma en la que se había comportado con ellos. También les agradeció todo lo que habían hecho por él. Y entre abrazos, les pidió que por favor le devolvieran las monedas: «Ahora sé que son las que necesito para ser feliz y seguir mi propio camino». Los padres, engrandecidos por el amor de su hijo, le entregaron las mismas monedas que años atrás había despreciado. No se sabe cuántas eran ni tampoco si estaban hechas de oro, de plata o de cobre. Al salir de casa de sus padres y despedirse cariñosamente de ellos, notó que la lucha, el conflicto y el sufrimiento comenzaron a despedirse de él. En el momento en que aceptó, tomó y agradeció las monedas de sus padres, se reconcilió consigo mismo y con la vida.

Epílogo

Carta de una madre comprometida

Es la primera carta que te escribo, aunque espero que no sea la última. No pretendo que sea una sarta de pesados consejos —como de los que siempre te quejas, y quizás con razón—, sino simplemente una oportunidad de abrirte mi corazón. Para empezar, quiero dejarte muy claro que eres lo más importante que me ha pasado en la vida, el mayor reto, pero también mi mayor satisfacción. Sé que las cosas no son siempre tan fáciles como me gustaría, y quiero intentar explicarte por qué. Y para eso, tengo que remontarme al principio de esta historia, al momento en el que entraste en mi existencia. Fue el instante más fascinante, terrorífico y mágico de mi vida.

Cuando vi tu cara por primera vez supe que me quedaba mucho, muchísimo por aprender. No tenía ni idea de qué hacer contigo. Por suerte, no estaba sola. Y con el paso de los días, aprendí a cambiar pañales, darte el biberón y conseguir que te durmieras. A veces me desesperaba, sobre todo cuando llorabas y no sabía qué te pasaba. Eso es algo que no ha cambiado en dieciséis años. Pero la diferencia es que entonces no podías hablar, o yo no sabía entenderte. En realidad, quizás no hayan cambiado tanto las cosas.

Quiero que sepas que todo lo que quería era llegar a conocerte: saber cómo serías, qué te haría reír, qué te apasionaría hacer, cómo sonaría tu voz. Y a medida que pasaban los años, y cada vez te conocía mejor, no dejabas de sorprenderme. Eras mucho más de lo que jamás había imaginado. Seguro que ahora te pones en plan «Anda ya, mamá, eres una cursi». Pero nunca te he dicho nada más cierto.

Llevamos un par de años difíciles. Ya no hablamos tanto, ni estamos siempre de acuerdo, ni pasamos tanto tiempo juntas como a veces me gustaría. Estás creciendo. No lo has dejado de hacer desde que apareciste en mi vida, pero ahora es diferente. Y a veces todo este cambio me supera.

No eres la única que estás pasando la adolescencia. Yo también la estoy pasando contigo. A veces, igual que a ti, me supera la situación. Durante un tiempo lo intenté solucionar haciéndome adicta a las broncas, y aunque me ha costado quizás demasiado tiempo, me he dado cuenta de que no sirven para nada. Ya lo sé, ya lo sé, pero ¡más vale tarde que nunca! En muchas de nuestras discusiones estaba canalizando cosas que no tenían nada que ver contigo. Y te pido disculpas por ello. Eso no significa que no tengas que asumir las consecuencias de tus actos. En estos momentos, yo estoy asumiendo la responsabilidad de los míos. Piensa que vivir en casa y bajo nuestras normas no es más que un simulacro para la vida que te espera después. Y aunque me he equivocado a menudo, te he intentado entrenar para que tengas todas las oportunidades y las herramientas posibles para construir tu propia vida. Sé que no siempre he tenido éxito, pero te aseguro que ésa ha sido siempre mi intención. Y nunca dejaré de intentarlo.

Como padres, nos queda mucho que aprender

Sólo quiero recordarte que aunque me equivoque a menudo, lo hago lo mejor que sé. Te aseguro que no hay nada más agotador que llegar a casa y tener una discusión contigo. Por mucho que sea tu madre, o precisamente por eso, te puedo asegurar que no hay nada que me afecte más que estar mal contigo. No quiero fomentar esa sensación. No quiero que crezca. Soy consciente de que no siempre te he sabido comprender, y prometo hacer todo lo que está en mi mano para cambiar en ese sentido. Pero necesito que me eches un cable en todo este proceso. Depende de las dos construir una relación diferente. Sé que a veces te sientes incomprendida, perdida, enfadada con el mundo y cabreada conmigo. Sólo quiero decirte que no estás sola... Yo también me siento así a veces. Quizás no se me nota tanto como a ti, pero eso no significa que no sienta lo mismo que tú.

En estos últimos meses me he dado cuenta de muchas cosas. Necesitaba ordenar mis ideas y aprender a adoptar una actitud diferente, y por primera vez en mucho tiempo siento que he cambiado. En ocasiones nos complicamos la existencia queriendo llegar a todo, ser los mejores, conseguir todo lo que nos proponemos. Y nos centramos tanto en eso que nos perdemos lo verdaderamente esencial en el camino.

Todos cometemos nuestros propios errores. Yo tengo una larga lista. Con los años, la tuya también irá creciendo. No hace tanto tiempo pensaba que uno de mis deberes como madre era tratar de evitar que cometieras errores. Pero la verdad es que, por mucho que intente protegerte, la única manera de aprender es a través de la propia experiencia. Personalmente, espero que vivas muchas, cuantas más mejor. Y a poder ser, me gustaría que las compartieras conmigo. Cuando y como quieras.

Deseo que tengas la vida más plena posible, y para eso tengo que aprender a hacerlo yo también. Esta carta es parte de este compromiso. Sé que a veces te sientes indefensa, sin control sobre tu propia vida. Pero quiero recordarte que tienes todo el poder del mundo. Cambiaste mi vida por completo. Y la sigues cambiando cada día. Te voy a decir algo que me dijo mi madre y que me ha servido bien: «Lee todo lo que puedas leer, conoce infinidad de lugares diferentes, aprende de todo y de todos». Te quiero con todo mi corazón, y sé que el mundo es un lugar mejor por el simple hecho de que tú vivas en él. Me siento honrada y agradecida por ser tu madre.

Con todo mi amor,

Mamá

Test de paternidad consciente

Si has leído hasta aquí, te propongo un último juego: verificar desde qué nivel de consciencia te relacionas con tus hijos. Por favor, responde a las preguntas de la forma más honesta posible eligiendo una de las tres opciones. Escoge la respuesta que más se acerque a la tendencia que mantienes al enfrentarte a situaciones de conflicto potencial.

1. **Por lo general, cuando tu hijo toma alguna decisión que no te gusta, o se comporta de forma desagradable, ¿cómo sueles actuar?**

   a) Me enfado y/o me siento triste, lo que me lleva a reaccionar entrando en conflicto con él.

   b) Me molesta, y aunque trato de calmarme, no puedo evitar sentirme incómodo cuando interactúo con él.

   c) A pesar de que no estoy de acuerdo con lo que hace, me esfuerzo por ponerme en su lugar y trato de comunicarme con él de la manera más asertiva posible.

2. **En general, ¿cómo es la relación con tu pareja?**

   a) No llevamos una relación demasiado respetuosa ni satisfactoria, más bien tendemos a discutir y a pelearnos con frecuencia.

   b) Estamos algo distanciados, pero mantenemos una relación cordial.

   c) No somos perfectos, pero mantenemos una relación cómplice y afectuosa, y disfrutamos de la compañía del otro.

3. **Cuando entras en desacuerdo con tu hijo...**

   a) Te comunicas de forma agresiva, levantándole la voz.

   b) Hablas con él de forma pasivo-agresiva, manteniéndote aparentemente distante y atacando por sorpresa.

   c) Te relacionas de forma asertiva, dándole espacio y comprensión sin renunciar a decir lo necesario para fomentar una reflexión constructiva.

4. **Ante la necesidad de marcar un límite a tu hijo...**

   a) Lo haces alterado, sin darte cuenta de que estás proyectando sobre él una de tus limitaciones.

   b) En ocasiones pierdes los nervios, y te percatas de que estás transmitiéndole tu propia limitación, pero no puedes evitar hacerlo igualmente la mayoría de las veces.

   c) Lo haces tranquilo, marcando el límite con serenidad y con argumentos que no tienen que ver con limitaciones, sino con hechos reales y consecuencias auténticas.

5. ¿De qué manera hago sentir a mi hijo que lo valoro tal como es?

a) La verdad es que poco; intento que sea como a mí me gustaría que fuese.

b) Le apoyo en sus decisiones, pero a veces soy demasiado crítico.

c) Le recuerdo a menudo que le quiero y le intento reforzar una imagen positiva de sí mismo.

6. Si tu hijo te dice que quiere irse de fin de semana con sus amigos...

a) Tu primera reacción es negarte porque, en el fondo, crees que no está preparado para ser responsable, lo que significa que en cierta medida no confías en él.

b) Le dejas ir, pero no falta la coletilla en forma de amenaza: «Ve, pero si me entero de que causas un mínimo problema, te quedarás sin consola un mes».

c) Le dejas ir, recordándole que es responsable de las consecuencias que sus actos tienen, pero sin utilizar amenazas.

7. Si tu hijo te falta al respeto a través de un comentario desagradable...

a) Tu primera reacción es el ataque, el castigo, el grito y la reprimenda.

b) Te enfadas y se lo haces notar, sin levantar mucho la voz pero imponiendo un castigo.

c) Le respondes con serenidad y firmeza, dejando claro que ese tipo de salidas tienen consecuencias, que, aunque parezcan invisibles, hacen mella en la relación.

8. **Si tu hijo llega tarde a casa con una copa de más...**

a) Sufres la espera y le cae una bronca épica al llegar.

b) No puedes evitar la inquietud y el malestar de la espera, pero planteas las consecuencias de forma asertiva a su llegada.

c) Aceptas el hecho de que te ha desobedecido, y sin gritar le dices que se acueste, que ya hablaréis al día siguiente.

9. **Si descubres que tu hijo te miente...**

a) Te pones hecho un basilisco y haces largos monólogos sobre la decencia mientras repartes castigos, sin asumir por tu parte ninguna responsabilidad por su conducta.

b) Te molesta mucho su actitud e intentas que te diga la verdad.

c) Ni te gusta ni apoyas su manera de hacer, y se lo haces saber, pero también asumes tu parte de responsabilidad en la mentira, comprendiendo que no la habría dicho si se sintiera seguro o confiado explicándote sus cosas.

10. Si tus hijos se pelean entre ellos...

a) Te peleas tú con ellos, optando por gritar tanto como ellos para hacerles entender que las peleas no sirven para nada.

b) Intentas interceder para poder mediar en la pelea, pero terminas por perder la paciencia —e incluso los papeles— ante la situación.

c) Intervienes de inmediato dando espacio a cada uno para que explique qué ha sucedido, y tratas de ayudarles a encontrar un compromiso beneficioso para ambos.

SI HAS OBTENIDO MAYORÍA DE C: PADRE O MADRE CONSCIENTE

Enhorabuena, eres un padre o una madre consciente. Gracias por haber leído este libro, pero posiblemente no lo necesitas. Tus hijos son muy afortunados de tenerte como padre o madre. Has trabajado para resolver tus propios conflictos emocionales, y ese conocimiento te permite ser más flexible, empático y comprensivo. Comunicas desde la asertividad, predicas con el ejemplo y mantienes la serenidad el 99 por ciento de las veces. Lo único que puedo sugerirte es que sigas en este camino, inspirando a quienes están a tu alrededor.

Si has obtenido mayoría de B: padre o madre semiconsciente

Felicidades, estás en el buen camino. Tan sólo necesitas poner en práctica la constancia y algunas de las herramientas que te he ido sugiriendo en las páginas anteriores. Aunque sueles reaccionar impulsivamente y en ocasiones no sacas lo mejor de ti ante tus hijos, eres consciente de que más allá de cambiarles a ellos, es el momento de empezar a trabajarte a ti mismo. Lo único que tienes que hacer para dirigirte en la dirección de la paternidad consciente es atreverte a ahondar en tus miedos, creencias y limitaciones para sanar las heridas de tu adolescente interior. Ah, y recuerda que tus hijos son los maestros que necesitas para realizar ese aprendizaje. ¡No te rindas!

Si has obtenido mayoría de A: padre o madre inconsciente

Lamento comunicarte que en muchas ocasiones formas más parte del problema que de la solución. Ser padres es una tarea titánica, y a veces nos supera. Pero si tienes este libro entre las manos, ya no te quedan excusas. Cuentas con la información necesaria para iniciar el proceso de cambio. Es el momento de poner el foco de atención en ti. Necesitas comprenderte, aceptarte y dedicarte tiempo para dejar de proyectar tu malestar en tus hijos. La buena noticia es que únicamente depende de ti trabajar por ser una madre o un padre más consciente. Nunca es demasiado tarde... pero ¡no dejes para mañana lo que puedes poner en práctica hoy!

Agradecimientos

Me siento tremendamente afortunada por tener la oportunidad de compartir contigo, lector, lo que he aprendido a través de las páginas de este libro. Y qué mejor manera de terminarlo que expresando mi agradecimiento a todas aquellas personas que en un momento u otro de mi vida me han apoyado, enseñado e inspirado.

Quiero dar las gracias a mi madre, Marta, por escucharme y motivarme siempre a ir un paso más allá. A mi padre, Ignacio, por ayudarme a encontrar mi brújula y a poner un toque creativo a las letras de las canciones. A mis hermanas, Adriana y Alejandra, por darme una colleja cuando la necesito. A mi marido, Borja, por ser mi mejor amigo, mi eterno cómplice y mi inspiración. A mi hija, Lucía, por iluminar mis días. A mis suegros, Carmina y Félix, y a mis cuñados, Santiago, Gina, Verónica y Domingo, por hacerme sentir una más de la familia. A mis amig@s Eva Martín, Claudia Safont, Marta Díez, Anna Brufau, Gina Ripoll, Elva Boqué, Carlos Guzmán, Paloma Rodríguez, María Beneyto, Laia Puig, Marta Mora, Begoña Batlle, Anna Regot, Maria Segarra, Maria Molins y Maria Serra, por las carcajadas, las ilusiones y las confidencias compartidas. Me siento muy afortunada de teneros en mi vida. A Víctor Gay Zaragoza y Juan Galindo, por las cenas improvisadas que terminan en conversaciones épicas. A mi agente literaria, Sandra Bruna, por creer en mí desde el primer segundo y ser un apoyo impagable en este proyecto. A mi editora, Laura Álvarez, por su energía arrolladora. Y cómo no, a tod@s l@s adolescentes —y también a sus padres— que habéis confiado en mí para acompañaros en vuestros respectivos viajes de autoconocimiento. No habría podido escribir este libro sin vuestra generosidad.

A tod@s vosotr@s, ¡gracias por estar ahí!

La Akademia

El sistema educativo se diseñó en el siglo XIX, en plena Revolución industrial, con el objetivo de convertir a los campesinos en empleados que pudieran trabajar en las fábricas. Y lo cierto es que no ha cambiado mucho desde entonces. Desde que empezamos a ir a la escuela, nos insisten en que estudiemos mucho, en que busquemos salidas profesionales y en que obtengamos un título universitario, creyendo que así encontraremos un empleo fijo con un salario seguro y estable.

Pero, dado que la realidad laboral ha cambiado, estas consignas académicas han dejado de ser válidas. Debido al imparable proceso de globalización, así como a las nuevas tecnologías, estamos presenciando el amanecer de la era del conocimiento, la cual cuenta con sus propias reglas de juego. Estamos educando a las nuevas generaciones para que se enfrenten a un mundo que ya no existe. No es casualidad que los jóvenes se sientan tan perdidos y desmotivados.

No en vano, la escuela actual desalienta el aprendizaje basado en la propia experiencia y fomenta el conformismo. Y lo peor de todo: coarta nuestra creatividad. Por eso la gran mayoría de nosotros perdemos la conexión con estas facultades y a menudo dejamos de lado nuestro espíritu emprendedor. Como consecuencia, empezamos a seguir los dictados marcados por la mayoría, un ruido que nos impide oír nuestra propia voz interior.

Muchos chavales se quejan de que el instituto no les enseña a aprender, sino a obedecer. Y tienen parte de razón. Por lo general, en vez de plantearles preguntas para que piensen por sí mismos, los profesores les dan directamente las respuestas, tratando de amoldar el comportamiento de los alumnos a un canon determinado. Así es como el sistema educativo dificulta aquello que debería facilitar: el descubrimiento y el desarrollo del potencial innato con el que nacimos. La mayoría de los centros y los institutos oficiales todavía no enseñan a los chavales las cosas verdaderamente esenciales de la vida. No se les plantean las preguntas realmente importantes: ¿quiénes somos? ¿Qué necesitamos para ser felices? ¿Cuáles son nuestras cualidades, fortalezas y virtudes innatas? ¿Cuál es nuestro propósito en la vida?

La era del conocimiento requiere de otro tipo de mentalidad. Para adaptarnos al mundo que se avecina y prosperar en él, necesitamos cultivar la inteligencia emocional, así como una actitud emprendedora que nos permita hacernos cargo de nosotros mismos tanto emocional como profesionalmente. Y hasta que la escuela tradicional no reinvente sus programas pedagógicos, es fundamental que los jóvenes se atrevan a llevar a cabo este proceso formándose por su cuenta.

La Akademia es un proyecto educativo vinculado y avalado por el Máster en Desarrollo Personal y Liderazgo del Borja Vilaseca Institute. Se trata de un programa pedagógico pionero en España orientado a desarrollar, de forma gratuita, todo el potencial de los jóvenes. Su programa está compuesto por ciento veinte horas, las cuales se imparten de forma presencial tres horas a la semana. En paralelo, cada chaval tiene a su disposición quince sesiones de acompañamiento individual. La primera edición tuvo lugar en Barcelona, en 2011, y desde entonces este proyecto se ha implementado en otras ciudades de España, Colombia, Brasil, Ecuador, Argentina y México, por cuyas aulas ya han pasado miles de participantes.

Este proyecto promueve la educación emocional entre jóvenes de 18 y 23 años. Su finalidad es acompañar a chicos sensibles y curiosos para que aprendan a ser felices y descubran quiénes son verdaderamente, encontrando el sentido que quieren dar a su vida. A través del autoconocimiento y la responsabilidad personal, inspira a que los chavales sanen su autoestima, cultiven la confianza en sí mismos y desarrollen todo su potencial, emprendiendo una función profesional útil, creativa y con sentido en la nueva era del conocimiento.

El nombre La Akademia está inspirado en la Academia de Atenas, una escuela filosófica fundada por Platón en el siglo IV a.C. en los jardines de Akademo —héroe legendario de la mitología griega—, cuyo objetivo consistía en promover la sabiduría entre los jóvenes.

Los objetivos de este proyecto educativo están comprometidos con promover entre los adolescentes una serie de valores que les permitan descubrir su propio valor, pudiendo así aportar lo mejor de sí mismos al servicio de la sociedad. Esos valores son exactamente los mismos que mueven a los cerca de mil voluntarios que forman parte del equipo organizador y pedagógico de La Akademia.

Autoconocimiento. Conocerse a uno mismo es el camino que nos conduce hasta la sabiduría. Saber cuáles son nuestras limitaciones y potencialidades nos permite convertirnos en la mejor versión de nosotros mismos.

Responsabilidad. Cada uno de nosotros es la causa de su sufrimiento y de su felicidad. Asumir la responsabilidad de hacernos cargo de nosotros mismos, emocional y económicamente, es lo que nos permite madurar como seres humanos.

Autoestima. Así como nos vemos a nosotros mismos, así vemos el mundo. De ahí que amarnos a nosotros mismos sea fundamental para construir una percepción de nosotros mismos más sana, nutriendo nuestro corazón de confianza y valentía para seguir nuestro propio camino en la vida.

Felicidad. La felicidad es nuestra verdadera naturaleza. No tiene nada que ver con lo que tenemos, con lo que hacemos ni con lo que conseguimos. Es un estado interno que florece de forma natural cuando recuperamos el contacto con nuestra verdadera esencia.

Amor. En la medida que aprendemos a ser felices por nosotros mismos, de forma natural empezamos a amar a los demás tal como son y a aceptar la vida tal como es. Así, amar es sinónimo de tolerancia, respeto, compasión y amabilidad; en definitiva, consiste en dar lo mejor de nosotros mismos en cada momento y frente a cualquier situación.

Talento. Todos tenemos un potencial y un talento innatos por desarrollar. El quid de la cuestión consiste en atrevernos a escuchar a nuestra voz interior, la cual, al ponerla en acción, se convierte en nuestra auténtica vocación. Me refiero a aquellas cualidades, fortalezas, habilidades y capacidades por medio de las cuales podemos aportar mucho valor a los demás y a la sociedad en la que vivimos.

Bien común. A las personas que han pasado por un profundo proceso de autoconocimiento se las reconoce porque orientan sus motivaciones, decisiones y acciones al bien común de la sociedad; es decir, aquello que nos hace bien a nosotros y que, además, hace bien al conjunto de la sociedad, tanto en nuestra forma de ganar dinero como de gastarlo.

Si estás interesado en conocer en profundidad este proyecto, dirígete a <www.laakademia.org>.